AF325677

LE SECOND

LIVRE DES CHANSONS

FOLASTRES, ET PROLOGVES,
tant Superlifiques que Drolatiques
des Comediens François.

Par Estienne Bellonne Tourengeau,

A ROVEN.

Chez IEAN PETIT, tenant fa bou-
ticque dans la Court du Palais.

1612.

LE SECOND LIVRE DES CHANSONS FOLASTRES ET PROLogues, tant superlifiques que drolatiques des Comediens François.

IE fuis vn bon violon
Mais ie n'ay point de che-
uille
Qui puiffe accorder au ton
Que voudroit bien quelque
fille
Et iouer par bons accords
Branfle naturel du corps,
Car c'eft vn contentement
D'auoir vn bon inftrument,
Et moy ie fuis fourbiffeur,

De toutes ſortes de lames,
Qui trauaille de bon cœur,
Sur le cheuallet des Dames,
Quand ie tiens mon polliſſoir,
Ie fourbi d'vn beau denoir.
　　Car c'eſt vn contentement
　　D'auoir vn bon inſtrument.
Vous ne ſçauez qui ie ſuis,
Mais ie ſçay que ie peux eſtre
De tous les cureurs de puits,
Recogneu le plus grand maiſtre,
Fuſſe vn abyſme profond
Ie fouille iuſques au fond:
　　Car c'eſt vn contentement
　　D'auoir vn bon inſtrument.
Ie ſuis pour le faire court,
Bon ouurier ſieur de planche,
Qui trauaille nuict & iour,
D'vn outil qui point ne tranche
Et ie me trouue ioyeux,
Quand il eſt dans l'entre-deux;
　　Car c'eſt vn contentement
　　D'auoir vn bon inſtrument.
Et moy ie ſuis vn docteur
Qui n'appris iamais a lire
Du culſeroit vn bon ioueur,

Car le nerf tousiours me tire,
Mon cul chante maintefois
Faut y toucher de mes doits,
    Car c'est vn contentement
    D'auoir vn bon instrument.

Conclusion.

Amants qui vous mariez
Et qui choisissez partie
Despourueuz point ne soyez
D'vne tariere iolie,
Pour la mortoise enfoncer,
Et vos modelles dresser:
    Car c'est vn contentement
    D'auoir vn bon instrument.

Prologue I.

A Lune n'auoit à grand peine pris son cotillon de tous les iours qu'enuiron les Calendes de Iuin en l'annee derniere les grenouilles formerēt leur plainte contre les cuisiniers, fondee sur ce qu'au preiudices des coustumes Gau

A iii

loiſes, article ie ne ſçai combien , leſdits
cuiſiniers les attaquoyent directement
& indirectement par derriere, ſouſtenãs
leſdites grenouilles a teſte deſcouuerte,
que n'eſtans point de delà les monts,ains
Françoiſes : les parties de deuant n'eſtoient en rien inferieures à celles de derriere. Les anguilles ſont interuenues qui
ont proteſté de tous deſpens,dommages
& intereſts contre tous les cuiſiniers in-
differamment qui doreſnauant s'ingere-
roient de les eſcorcher par la queuë,
attendu que c'eſt contre la couſtume , &
toutes leſquelles obiections leſdicts cuiſiniers les bras retrouſſez & la lardoire
en main ont reſpondu fort cathegoriquement , offrant ſi le cas le requeroit
communiquer leurs couſtumes ſi bien
autentiques que les parties aduerſes n'y
pourroient contredire qu'à leur confuſion. Surquoy tant a eſté procedé qu'en
fin ſentence eſt interuenuë , par laquelle
il a eſté ordõné que le procez ſeroit pen-
du aux crochets de la cuiſine , iuſqu'à ce
que les allouettes tomberoient toutes
roſties. Au ſurplus ie vous aduiſe que ſi

toſt que les poſtillons d'Eole fauoriſe-
ront le Monarque des Baliuernes, ils con-
uoquent vne armee naualle pour aſſie-
ger la montagne ſourcilleuſe des Alpes à
coups de pierres , & luy faire prendre
vne medecine de Rhubarbe & d'Agaric
pour vomir les threſors qui ſont enclos
& reſerrez au centre de ſon eſtomach.
La faculté de medecine decida vendre-
dy dernier que les parties nobles & les
inteſtins du Perou eſtoyent fort propres
à guarir de la pauureté : ſi bien qu'il ſe
fera vn reiglement en l'Iſle de Lombar-
die pour y transferer les rochers de Scy-
thie , à fin qu'il n'y ait plus qu'à prendre
le virebrequin de maiſtre Aliborum, pour
creuſer les maces pierreuſes & caillou-
euſes, & y faire des Chambres pirami-
dales, & des Antichambres en poincte
de boulles ſuperlifiques , dont les traicts
& lineamens puiſſent reſſembler *cum tem.*
pore à la ville d'Alexandrie , que ce vaillant Alexandre fit edifier dans le blond
ſeiour de l'Egypte. Quand le deſtin fa-
uoriſe les deſſeins & les proiects de l'humanité, il ne faut quelquesfois qu'vne

A iiii

eschelle pour monter à vn grénier, & vn
escallier pour descendre a vne caue : les
Demons, les Genies, & les oracles pre-
sagieux de ce siecle menassent le serrail
du grand Turc, d'vne colique venetien-
ne, & la trame des bources du cizeau fa-
tal des Professeurs en langue matoise:
Parce que les Atomes, les Chimeres, les
Idees, les Imaginations, & les corps solides des choses Diaphanes, ont esté les
auspices de ces belles, diuines & fatalles
decisions. Vous autres Princes d'eloquë-
ce & Correcteurs des plus hautes erudi-
tions, vous penserez incontinent que ie
sois égaré dans le dedalle des fantasies, &
que l'ignorance m'ait fermé la porte des
beaux termes, des dictions sententieuses
des adages energiques, & des harangues
serieuses, Mais c'est se tromper, car ie
le sçais en tout sens, & boy à toutes
mains diuerses. Le Peintre adapte les
couleurs selon la diuersité du signe dont
il veut prendre la coppie:ainsi l'Orateur
agence & façonne son discours à la sem-
blance de ses conceptions. dissemblables
ce qui est expressement approuué par le

Prince d'Eloquence , colligeant l'opinion des Zoiles , par ceste docte sentence, *ad aures nostras & sermonis suauitas nihil est vicissitudine , varietate & communicatione aptius.* Encor pour le temps qui court, cela ne sent que trop sa Philosophie , *ad propositum redeamus, namque extra chorum saltamus.* Craignant donc d'estre tedieux, principalement à l'appetit des degoutez i'espere que nous aurons bien tost faict: car Erasme tient que *tantum scimus , quantum memoria tenemus.* Ie ne sçay plus rien, tellement que ie ne diray plus gueres de choses , si ce n'est entre la poire & le fromage. Quelqu'vn m'auoit reproché ces iours passez que ie n'estois pas assez meslé en mes discours , tellement que i'ay fait vn bouquet de mes menues pensees & de la diuersité d'icelles pour attacher au bonnet du plus seuere censeur de la trouppe , à fin qu'il le confronte au iardin de ses inuentions , pour veoir s'il y trouuera des fleurs plus aggreables, estant d'vne naissance improuiste comme les champignons. Mais pour ne perdre la piste de ce discours , ie vous diray

qu'il s'est meu vne dissention ces dernie-
res Calendes entre Phœbus & la Lune,
parce que l'vn eschauffe & l'autre tem-
pere, & sur les admirables effects de leur
opposite en l'interposition de la terre,
l'ancien Nestor qui auoit aresté son vais-
seau à la radde de Tenarre, leur conseilla
de s'apointer, par ce que les iugemens de
Dis & de Rhadamante fricassent toute
l'esperance des cliens. Il est vrai qu'il
vient encor d'assez bonnes euocations de
Normandie, & de fameuses causes du
Magazin de griffe tout: En effect ie vous
apprends que la Rochelle est tousiours en
sa place, la ville de Londres en Angleter-
re, celle de Madrid en Espagne, il vient de
fort bons costeaux de Chastellerault, &
bien peu de finance de la bourse des Auaricieux, du nombre desquels vostre vertu
est exceptee : pour moy ie preuoy vne
chose qui arriuera infailliblement, c'est
que ie vous dois bien tost dire adieu iusqu'au retour : mais ne panchez pas tellement l'oreille à la simphonie de ce passe-
temps que quelques operateurs manuels
ne coupent auec le Galimatias, & ne s'en

feruent comme d'vne mufique ou d'vne
voix Acheloize, pluftoft pour l'enleue-
ment, rauifsement & prife formelle de
vos bources, que pour l'applaudifsement
de vos oreilles.

Chanfon nouuelle fur le chant de cha-
lumes la mulotte.

LA belle Boulengere,
LA presté fon deuant,
Auec vne lingere
Pour auoir de l'argent,
   Et leurs maris cocus
   Cocus tous plains de cornes
   Vous amafsez beaucoup d'efcus.
   Tous les iours ma voifine,
La femme d'vn mafson,
S'en va hors Beauvoifine:
Pour branler le fefson,
   Et leurs maris cocus
   Cocus tous plains de cornes
   Vous amafsez beaucoup d'efcus.
   Celle qui tient tauerne,

Au son de l'instrument,
Ou chacun se prosterne
Pour fouller son deuant,
        Et leurs maris cocus, &c.
    Ceste ieune espiciere
Que vous cognoissez bien
Pour bransler la croupiere,
A gaigné tout son bien,
            Et leurs maris cocus, &c.
    Mes sœurs ont tant d'affaires,
Pour planter sur le front,
Des cornes à mes freres,
Comme les autres en ont,
        Et leurs maris cocus
        Cocus tous pleins de cornes
        Vous amassez beaucoup d'écus.

Conclusion.

    En ceste bonne ville,
Beaucoup d'autres y a,
Qui au mestier subtile,
Font bien souuent cela,
        Et leurs maris cocus
        Cocus tous plains de cornes
        Vous amassez beaucoup décus.

Prologue II.

R ça, Meſſieurs, il y en a beaucoup en ceſte compagnie qui porte vne teſte ſur leurs eſpaules, ſans ſçauoir ce qui eſt dedans, comme n'y ayant point regardé : toutesfois par la ſcience anatomique , i'en ay eu quelque cognoiſſance ces iours paſſez, faiſant l'anatomie ſans mort ſur vne viue anatomie, qui n'auoit iamais anatomiſé : Et en l'anatomiſant anatomiculi-colliconiquement , luy penſant briſer les maſchoires ſur quoy elle s'aſſied , ie me fendis la teſte droict par le milieu : & moy bien eſtonné de voir ma teſte fendue, toutesfoisie pris reſolution de piller patience , & ne point dire comme le Gaſcon, *Lous cap coupade , lous reſte du corps ne vaut pas vn viz aſe* : Mais ſupportant ceſte infortune auec le crochet de conſtance, ie dis. Puis qu'à gorge couppee,

& à fille depucelee , il n'y a autre remede, ça tandis que nous auons la tefte fenduë fçachons ce qui eft dedans , & voyons que nous auons en la tefte, auffi bien
à toute chofe fenduë , il eft permis d'en
faire autant , au regard de la pance fans
en effondrer le fac, nous fçauons bien ce
qui y peut eftre : mais en la tefte , nullement. Toutesfois teftes ne font que teftes : il y a de plufieurs fortes de teftes: ie
veux qu'vne tefte foit auec de beaux
yeux, barbe, cheueux, bouche , nez , &
oreilles , ce qui eft dedans peut eftre ne
vaut rien. Vne belle féme a ordinairemét
vne mauuaife tefte. Il y a des femmes
qui ont des teftes où le diable perd fon
latin· il y a des bonnes teftes , des mef-
chantes teftes , des teftes efceruelees:
teftes éuentees, teftes eftourdies , teftes
fçauantes , & teftes ignorantes. Voyla
pourquoy trouuant l'occafion de ma tefte fendue , ie me fuis aduifé de regarder dedans, afin de pouuoir dire cy apres:
ie fçay ce qui eft dedans ma tefte. I'ay
quelque chofe en ma tefte que vous ne
fçauez pas , & que par la cognoiffance

de la mienne ie pense iuger ce qui est
dans la teste d'vn autre : chose vrayement
vtile & necessaire pour se garder d'vn
ennemy mortel , qui clandestinement
pourchasse nostre ruine : Car iugeant &
considerant ce qui est dedans sa teste,
on peut euiter le danger dont on est me-
nassé, pour ceste seule raison , i'ay regardé dans la mienne, & en y regardant auec
mes yeux bermeslez , i'ay trouué des os
en nombre de huict. Premierement le
frontal , que les medecins appellent te-
nerus , ou coronal , puis i'apperceu les
deux petrus , & les deux os bregmatis.
Apres ie vins au sixiesme , qui est l'os oc-
cipital derriere la teste , & le plus dur de
tous les autres , que nature a voulu former tel , pource que tombant à la ren-
uerse , nos mains ne nous peuuent de-
fendre si promptement que si nous tom-
bions par le denant. Sur cest os occipi-
tal , les femmes & les filles renuersees
reposent leurs testes alors qu'elles se
font vantouser entre deux gros orteils.
Cela faict , i'apperceus dans ma teste
pres mentibule l'os sphenoide & l'ethi-

modoïde qui l'auoïfine. Voila huïct os,
Meffieurs , que i'ay trouué dans ma tefte ! Si vous ne me voulez croire, prenez
vne coignee chacun , & vous en fendez
autant, fi vous ne trouuez voftre conte,
ie veux que celuy qui fouffle en mon haut
de chauffe , vous puiffe cracher au vifa-
ge , mais ce n'eft pas le tout , regardant
dans les fondrilles de ma tefte , ie vy ce
qui fuit les os. Premierement la dure
mere, ou *dura mater* , en laquelle ie confi-
deray les veines & arteres , puis apres
pia mater , laquelle ayant plufieurs vaif-
feaux eftoit claire & deliee. Plus outre ie
contemplay pour la nourriture de mon
cerueau, les amphractuofitez , les parties cafuelles, les trois ventricules fupe-
rieures , plexus choroides, feptum luci-
dum, le forma paloïde. Hé ! que d'ali-
ments pour nourrir vn cerueau: ceux qui
ont des teftes fans feruelle font bien
heureux, il ne leur faut point tant d'an-
fractuofitez de l'ifpandileries. I'ay trouué encores au troifiefme ventricule le
conarium, le nates ou glotia. Au qua-
triefme ventricule imperieux , le vermi-

formis,

formis, infondibilion , la glande puitui-
ter , le rete mirabile : les apophises ma-
millieres. Plus outre i'ay consideray les
sept pairs de nerfs qui prouiennent du
cerueau : *Prima oculos mouet altera.* Les
deux premiers nerfs vont aux yeux, pour
donner nourriture & clarté à mes pru-
nelles ; *Tertia gusta quartaque* le troisiéme
& quatriéfme nerf vont au goust , nous
faisons sauourer les viandes. *Quinta au-
dit*, le cinquiéme va à l'ouye, pour faire entendre, *Vaga sexta*, le sixiéme nerf
est vague, & va par toute la teste. *Et
septima linguæ*, & le septiéme nerf va à la
langue pour la faire parler, & mouuoir,
& croy fermement que le nerf qui va à
la langue des femmes est composé de
vif argent, à cause qu'elles ont les langues plus fretillantes, & mouuantes que
celles des hommes. Au regaid de la dure mere ou *dura mater* que nous auons
allegué cy dessus contenant le sang ve-
nal de la iugulaire interne pour l'abis-
mer, ie cognus que c'estoit celle qui en-
ueloppe le cerueau , & cerbellum. Im-
mediatement de toutes parts entraine

dans ſes anfractuoſitez pour conduire les
vaiſleaux qu'elle reçoit dans ladicte iugulaire interne , & puis apres lacarotide
entre aux quatres pour le nourriſsement
du cerueau. Voila tout ce que ie trou-
uay dans ma teſte & rien autre choſe , ie
penſois qu'elle fut pleine de meſchan-
cetez & tromperies, helas ! nenny , la
bonne teſte eſtoit vuide de toutes ſes
macules , elle eſtoit pleine de bonté,
douceur & humilité , ie penſois qu'elle
regorgeoit de trahiſon, ſedition, conten-
tion , ſimulation ſans courroux , enuie
fraude & nuiſance : mais cela eſt enfermé dans la teſte des meſchants & deſ-
loyaux , ie penſois qu'elle eſtoit propre
d'orgueil & d'ambition , Mais cela eſt
dans la teſte du brauache & glorieux,
ie penſois trouuer dans ma teſte le deſir
inſatiable d'attraper argent , de meſler
le bien d'autruy auec le mien. Mais cela
eſt dans la teſte des auaricieux , i'y penſois trouuer milles penſees amoureuſes,
mais c'eſt à faire aux amoureux qui en
ont la teſte folle , ie penſois qu'elle eſtoit
pleine de regards amoureux , de douces

œillades & faux attraits, Mais ils sont dãs
la teste des filles qui ont les yeux plains
d'assignations, ie pensois trouuer en ma
teste le bruict & le caquet des femmes,
mais elle reseruent cela pour celles qui
ont des testes du diable, desquelles on
ne peut venir à bout, il me souuient
auoir prié plus de cinq cens fois vne
meschante teste de femme, luy disant,
ma Commere ie ne sçay quelle teste vous
auez, laissez moy fouiller dedans pour
veoir ce qu'il y a : ce qui ne m'a iamais
esté accordé, fouillez me dit-elle auec
vostre fouilloir dans mon fouillous où
vous auez accoustumé de fouiller : en ma
teste, iamais vous n'y fouillerez, bien
de mesme luy dis-ie, ie me contente d'a-
uoir fouillé én la mienne, le tout veu &
bien regardé, ie ramassis toutes mes an-
fractuositez, ventricules & nerfs, & le
tout remis ensemble ie reioints les per-
tuis aux bregmas l'occipitat au frontal,
le sphenoide à l'ethimodoide, & le tou:
bien recouuert deteguments, barbes &
cheueux, impose ma teste sur mes espaules veué contre veue, nerf contre

nerf, goſier contre goſier, & pour veoir
ſi le gargarion eſtoit droit pour le paſſage
des viures, ie coule vn verre de vin dans
mon ventre, ie commence à bailler, touſ-
ſer, eſternuer & cracher, puis ayant fait
vn rot, ie fais vn gros pet de meſnage, &
puis ie m'en vois promener.

Chanſon nouuelle, ſur le chant, hé le
bachet eſt à la porte.

Viue le bon ius de la treille,
Viue la liqueur de bacus,
Viue le vin à viue oreille,
De cil de deux ie n'en veux plus,
     Sa ſa ſa
   Sa venez tous biberons
   Et ce nectar auallons.
Moy qui ayme ce ſacrifice
Pourquoy donc n'en ſeray ie pas,
Ie veux eſtre de voſtre office,
La celebrant iuſqu'au treſpas.
     Sa ſa ſa
   Sa venez tous biberons
   Et ce nectar auallons.

Toubeau compagnon ie vous prie,
Me voulez-vous gratifier,
Qu'auecques vous ie sacrifie,
Afin de lauer mon gosier,
    Sa sa sa
   Sa venez tous biberons,
   Et ce nectar auallons.
Et moy que la soif eternelle,
Sans cesse va accompagnant
De bacus ie suis en tutelle
Et veux demeurer son cliant,
    Sa sa sa
   Sa venez tous biberons
   Et ce nectar auallons.
Vous n'estes point à la cadence,
Vous laissez éuenter ce vin,
Des-ia nostre gorge s'auance,
Pour aualler ce ius diuin,
    Sa sa sa
   Sa venez tous biberons,
   Et ce nectar auallons.

Conclusion.

Biberons qui beuuez sans cesse,
Et iamais ne desalterez,

Sauourez la delicateſſe
Du meilleur que vous trouuerez,
     Sa ſa ſa
    Sa venez tous biberons,
    Et ce nectar auallons.

Prologue III.

'Eſt grand pitié que d'eſtre beau, & parfaict de tous ſes membres : car on dément ces anciens prouerbes, qui contiennent verité par ces mots: *Non omnia poſſumus omnes.* Encores, *Nullus vbique poteſt felici ludere dextra , aut nihil eſt ex omni parte beatum.* Il n'y a rien de parfaict, de tout point , tel aura le viſage bien fait qui aura le corps mal faict , les iambes droictes, & les cuiſſes esbauchees. Le ventre plat, le dos vouté: bref nous ne pouuons eſtre ſans quelque imperfectiõ, & biē heureux ſont ceux qui ſont imper-fectionnez en toutes les parties de leurs corps. Car il n'y a rien que la beauté qui nous ſoit dommageable , & qui engen-

dre plus de diſſentions , querelles meur-
tres, & violences. La laideur, eſt ferme
rampart de chaſteté : la laideur conſer-
ue les femmes en leurs pudicitez , & les
filles en leurs virginitez. Croyez, Meſſieurs, que ſi ceſte belle Helaine , & ce
beau Paſteur Paris euſſent eſté laids, les
Grecs n'euſſent pris tant de peine à les
pourſuiure , ny la noble cité de Troye
n'euſt enduré ſi cruelle deſtruction. Et
s'il faut aparier la beauté de l'eſprit à celle du corps , nous voyons tant de gens
difformes eſtre ingenieux, doctes, & ſages. Teſmoin Socrates que l'on a eſtimé
eſtre le plus laid du monde. Et neantmoins il fut iugé par l'oracle d'Apollon
le plus ſage de ſon temps. De lourde difformité de corps fuſt Zenon , Ariſtote
malfaict, & l'Empereur Galba, fort con-
trefaict. Conſiderez, Meſſieurs, ces gens
de belle façon, vous les voyez ordinairement moins forts, moins robuſtes, moins
durs au trauail, plus mols , delicats, &
effeminez que les autres perſonnes : car
vn bel homme eſt ſouuent recherché des
femmes : plus il eſt recherché plus vient-

il aux prises:plus il vient aux prises , ses
forces defaillent: *Et* ses forces estant def-
faillies, voila vne beauté sans bonté: Mais
vn homme laid & difforme n'est gueres
requis de son des-honneur : moins il est
requis, moins il s'employe aux affaires: &
moins il affectuë , plus il a de force & vi-
gueur.   Donc, que diray-ie des femmes
qui ne se contentent des beautez que nature leur a donnees : elle inuentent mille
fards , parfums , & autres drogueries
pour embellir leur teint : choses vrayement friuoles, & inutiles. Car y a il rien
au monde qui dure moins que la beauté,
qui se perd en vn moment. La beauté
s'enlaidist. Vne belle femme deuient
laide: mais vne femme laide ne s'embel-
list iamais : vne femme laide deuient encores plus laide : vne femme garde sa laideur en difformitez,iusques au tombeau.
Considerez combien la beauté a preci-
pité d'hommes, & de femmes , à enor-
mes meschancetez : Car les filles belles
sont subiectes à violance mais les laides,
sous vn masque laid , & difforme nour-
rissent vne belle chasteté. Ainsi dit-on

en com

en commun Prouerbe , qu'vne femme
laide eſt vn vrai remede d'amour. O bonne recepte contre les tentations de la
chair! douce, aggreable difformité de viſage bien aymee de chaſteté , & ferme
rempart contre les amoureux aſſauts!
Vne femme laide oſte la ialouſie hors de
la teſte de ſon mari : n'eſt point requiſe
de ſon des-honneur, & ne fait point ſon
mary cocu : car la laideur de ſon viſage
ſert de plaſtron pour deffendre ſon cul.
O chaſte laideur ! ô pudique difformité
de viſage que tu nous trompe. Quant à
moy ſi i'eſtois beau, ie ſerois comme ia-
dis fut vne fille , qui voyant ſa beauté
ſuſpecte à ſa bonne renommee: Et eſtant
pour tel effect pourſuiuie de Courtiſãs,
print vn trenche plume, duquel elle s'en
deſchiffra, & deſchiqueta le viſage. De
ſorte que ſes ioues qui auparauant reſ-
ſembloient deux roſes vermeilles, ne re-
tenoiét plus rien de leur façon. Pluſieurs
nobles Dames , & chaſtes pucelles ont
faict ce meſme acte. Et vous beaux garçons & belles filles en feriez vous autant ? Ie ne le penſe pas: Au contraire,

C

pour n'eſtre aſlez beaux, ou aſsez belles,
l'on inuentera dix mille fards, parfums
& autres niaiſeries pour raieunir l'aage:
& premier portraict naturel, auec faux
cheueux, blanc d'Eſpagne, pomade, tar.
gon, eaux diſtilees, amandes broyees,
huyle, leciue: foire, merde, & autres dro-
leries trop longues à reciter, elles ſe ton
dent, elles s'arrachent les cheueux artifi-
ciellement, elles ſe frottent, ſe lauent, ſe
decrottét, ſe gaſtent pour paroiſtre belles, & puis de ces folies, qu'en auient-il
ordinairement: Orgueil, outrecuidance:
mais les laides ſont humbles, diſcrettes,
courtoiſes & ſeruiables à leurs maris, ou
au contraire les belles auec vn maintien
graue, vne contenance ſuperbe, vn port
glorieux, vn œil eſgaré auec le parler de
meſme, & le marcher trop hardy, puis
iugez ce qu'il vous en ſemble, en quel
enfer de miſere ſont les hommes aſseruis
aux beautez de ces glorieuſes belles. Et
vaut donc mieux aux hommes de s'alier
aux laides, & aux femmes ſe ioindre aux
hommes laids & difformes. Car ils ſont
touſiours plus ſages, diſcrets & prudents

que les beaux, tesmoing l'Esope excel-
lent fabuliste qui fut de façon de corps si
monstrueuse que le plus laid de sõ aage,
en comparaison de lui eust resemblé vn
bel Adonis, vn Narcice ou vn Ganime-
de, & neantmoins il estoit tres-riche en
esprit. Que pensez-vous qu'vne grosse
teste à de ceruelle, qu'vn gros dos à de pru
de puissance, qu'vn gros dos a de prudence, qu'vn gros cul a de sentéce, qu'vn
fessié à de sentiment. Et puis on les ab-
horre ces gros membres, non non ils ne
sont point du tout a loger dehors, mais
bien plustost à mettre dedans: Ie dis dõc
qu'il vaut mieux estre laid que beau, fy
des belles, viues les laides.

Elles ont ie ne sçay quoy caché
Qui vaut bien commettre vn peché.

Chanson nouuelle, Sur le chant, vous qui
possedez mon ame.

MEssieurs qui estes du monde,
Iugez de nostre mal-heur,
Cil qui en l'argent abonde

N'eft pas de viure plus feur,
  Ne paffons donc point les bornes
Ou nature nous a mis,
  Et nous fourniffons de cornes
Pour nous & pour nos amis.
  Nos femmes deffous leurs cottes,
Vont cachant des Aduocats,
Mais du labeur de leurs mottes,
Nous vient des doubles ducats,
    Ne paffons donc point, &c.
  Puis que vous parlez de cornes
I'en ay pour beaucoup d'argent
Plus grandes que les Licornes
Ou que celles d'vn Sergent,
    Ne paffons donc point, &c.
  Et moy de la confrairie
De ces amaffeurs d'écus,
Ie veux fi ie me marie,
Eftre au nombre des cocus,
    Ne paffons donc point, &c.
  De toutes fortes d'eftas,
De ce monde c'eft l'vfage,
D'eftre cocu fans compas,
    Ne paffons donc point les bornes
Ou nature nous a mis,

Et nous fourniſſons de cornes
Pour nous & pour nos amis,

Concluſion.

Si toute choſe eſt cornue
Il faut la ſuiure de pres
Les feux de deſſus la nue
Nous en font leçon expres,
Ne paſſons donc point les bornes
Ou nature nous a mis,
Et nous fourniſſons de cornes
Pour nous & pour nos amis.

Prologue III.

A Propos Meſſieurs, i'auois grand beſoin de vos preſences, & encor plus de ce que les Medecins prennent en refuſant & refuſent en prenant. Car *dicendo nolo accipiunt pecunias*, & ce faiſant empoulent l'apoſtume de leurs gibecieres aux deſpens de creuailles & entrailles de vos bourſes : en recompenſe dequoy, auſſi

ſans employer ſergent ny autre barbouil
leurs de papier, ils rendent vos matieres
toutes claires: Mais parlons d'autre cho
ſe plus ſerieuſe, Noſtradamus en ſes cen
turies nous chante (ie ne ſçay pas s'il
a menty) que les Eſcreuiſſes courront
ceſte annee, la bague auec vne lance de
beurre de Vanue contre les harans frais
& dauantage que les nez de pluſieurs
courront pareille fortune que les oreilles en Gaſcongne. Mais en matiere de
nez couppé c'eſt le plus beau du viſage.
Vray eſt qu'on ne ſçauroit couper le nez
à vn homme qui n'en à point. Auſſi ſeroit choſe ridicule de faire demy pied
de nez à vn homme qui en à ſuffiſam-
ment. Or puis que nous ſommes ſur la
matiere des nez ne laiſſons pas vn ſi beau
champ ſans le cultiuer. Le prouerbe ſi
commun en France de dire, voyla qui
n'a point de nez, nous y ſeruira beaucoup. N'eſt il pas veritable que quãd on
veut meſpriſer quelque choſe on ſe ſert
de ce prouerbe, ſi vn homme comme
moy hazarde parmi le public quelque
œuure ou diſcours imparfait comme ce-

ſtui-ci ne dira-on pas en le meſpriſant.
voila qui n'a point de nez. Tout de méme d'vn peintre, d'vn orfeure & genera-
lement, &c. De ſorte que tout ce qui
n'a point de nez ne merite pas de voir le
iour. C'eſt la raiſon pourquoy l'on ſe ca-
che ordinairement le cul, comme eſtant
vn viſage qui n'a point de nez, ou au
contraire la face eſt touſiours découuer-
te a cauſe qu'il y a du nez : Vn homme
ſans nez eſt reietté des femmes. Platon
dit que le grand leur ſemble eſtre noble
& de bon gouſt, le mediocre de contentement, & le petit de bon apetit. Souuét
les plus grands arbres ne rapportent pas
grand fruiƈt. C'eſt pourquoy la medio-
crité ſera plus requiſe, mais pour pe-
netrer plus auant, diſons vn peu pourquoy le ſexe feminin n'eſt ſi bien pourueu de nez que le maſculin, *propter eius*
inobedientiam, pour le peu d'eſtat que fit
Pandore de l'ordonnance de Iupiter, lequel lui ayant baillé la boette où eſtoiét
enfermez tous les mal-heurs auec def-
fence expreſſe de regarder dedãs, y vou-
lut neatmoins mettre le nez, & par ce

C iiii

moyen remplit le monde d'vne infinité
de miseres & d'encombres, *qua de causa,*
elle fut despourueue de ses principaux
membres : Car Iupiter indigné contre
elle, voulant former l'homme auec plus
de perfection luy a donné deux yeux,
deux oreilles, deux mains, deux pieds,
deux iambes, pareillement il la accom-
pagné de deux tesmoins (car sans iceux
les exploicts de nature seroyent de nul-
le valeur) & pour le rendre beaucoup
plus venerable luy a aussi donné deux
nez, *primum capiti , & secundus tacet in bra-*
quibus. Ce qu'il n'a voulu conferer a la
femme, qu'il à neantmoins pourueue de
deux mains, deux oreilles, deux pieds,
&c. Mais en matiere de nez il ne luy
en a donné qu'vn , *adest capitale , sed abest*
bragale, ceste faueur ainsi concedee aux
hommes leur a tellement enflé le courage & l'audace qu'ils ont en tout & par-
tout voulu depuis surmonter la femme.
De façon que sur la plaincte qu'elle en
à formee au bon homme Iupiter , il luy
à au lieu de deux nez donné deux lãgues,
l'vne *in ore,* & l'autre *in crura ,* & si n'e-

ſtoit vn miſerable *pone tuum naſum* qui les
rend recommandables, les hommes les
auroient bannies de leur congregation.
Elles ſe ſeruent encor d'autres artifices
pour nous apaſter & alecher. Car leurs,
pompeux habillemens, fards , parfums-
car quans, ioyaux, & leurs regards entrer
lardez de mille amoureux ſoubs ris leu
ſeruent d'arbaleſtre pour tirer à noſtre
nez, ſi quelque amoureux les careſſe &
leur demande communication de leurs
pieces, elles diront auec vn agreable mé-
pris. Ma foy c'eſt pour voſtre nez. Ie
croy que vous y voudriez mettre voſtre
nez. Elles deſirent dont le nez en le refuſant, & le refuſent en le deſirāt, Pourquoy eſt-ce que les femmes des Suiſſes
aymēt les brayettes de leurs maris? pour
ce qu'il y a du nez. Bref il fait bon auoir
du nez ſi peu que ce ſoit, Et de fait ie
trouue qu'vn petit nez n'a pas moins de
merite qu'vn plus grand. Car ſi quelque
ſoufflet tombe fortuitement ſur vn viſage pourueu d'vn petit nez, les ioues
principalement ſi elles ſont enflees le ga
rentiront & luy ſeruiront comme deux

baftions, entre lefquels il ne pourra eftre
offencé. Non pas que ie vueille blafmer
le grand nez. Au contraire parce qu'vn
homme qui l'a long, large & fpacieux,
eft affeuré de boire fraiz és plus grandes
chaleurs de l'efté, attendu que fon nez
ainfi ample & fert d'ombrage à fon verre. Au regard du nez camus & releué il
femble n'afpirer qu'aux chofes hautes
& releuees. Quand au nez plat il n'eft
pas moins louable, & eft certain que celuy qui le porte a la veuë plus penetran-
te que les autres à caufe que le bout de
fon nez ne luy empefche point de l'eftendre de l'vn à l'autre Pole fi faire fe
pouuoit. Le grand nez a beaucoup d'a-
uantage pour les odeurs: Conclufion, il
eft bon d'auoir du nez en toutes chofes,
car quelque peu que l'on en ait on dit
a tout le moins, il y a du nez, Briaré auec
fes cent mains rompit l'entreprife de Iu-
non qui vouloit depofleder Iupiter fon
mary du celefte heritage. Mais c'eftoit
vne entreprife qui n'auoit point de nez.
Le nez difcerne des fenteurs, le mufc,
le bafme, la ciuette, la poudre de violette.

& generallement toutes les souefues o-
deurs que produit le mont Himete sont
en valeur par l'experience & iugement
du nez. Et pour exemple l'aueugle iuge
les senteurs & les vens du pays bas qui
souffle a la sourdine dans ses chausses,
sont descouuerts par l'experience de son
nez. Vn homme qui a du nez sent toutes choses. Mais vn homme qui n'apoint
de nez ne se sent point soy-mesme, & si
i'auois vn pied de nez dauantage ie serois
vn discours qui auroit plus de nez, mais
par faute de nez ie finiray, Priant tous les
orifiques nez, croutelez, burinez, Ele-
phantins, incarnadins & rubicondins se
faire moucher en temps & lieu, sur peine de la roupie.

Autre chanson nouuelle, Sur le chant, vous
qui n'auez point d'amy.

VN iour ma ieunette,
  Me dit robinet,
Ma grange est bien nette,
Mets y ton boquet,

Preſtez luy logis madame, &c.
Le iour de ma feſte
I'auois vn paquet,
Qui leuoit la teſte,
Sans plus de caquet,
　　Preſtez luy logis, &c.
Ma femme tempeſte,
Dans ſon cabinet:
Ie luy mets mon reſte,
Dedans ſon creuſet,
　　Preſtez luy logis, &c.
Deſſoubs la coudrette,
Eſt vn petit tet,
Ou eſtoit Iacquette
Qui monſtroit ſon fait:
　　Preſtez luy logis, &c.
Vous ieune fillette,
N'ayons point de plet,
Preſtez voſtre bouette:
Sans plus de caquet,
　　Preſtez luy logis madame
Il oſte ſon bonnet,

Concluſion.

Ce ſont pauures haire,

Chargez d'vn paquet,
Qui dans les tremaires
Logent leur traquet,
    Preſtez luy logis madame
    Il oſte ſon bonnet.

Prologue V.

ESſieurs, ie ſuis icy arriué en poſte dans vn manequin pour vous maintenir teſte à teſte comme fourbiſſeurs, barbe à barbe comme culs qui s'entrebattent, que toutes les ſciences ſont dangereuſes, voire du tout inutiles , & que ceux ſont grandement à blaſmer , qui par telle ſcientifiqualerie penſent eſtre placez au rang des demy Dieux, pour gaigner puis apres la place de tous les diables. En premier lieu l'hiſtoire Platonique nous aſſeure que ce fut vn demon qui inuenta les arts & les ſciences , & de faict les Grammairiens expoſent ce mot de demon pour ſçauant: Tellement qu'il faut inferer que les ſciences viennent des demons , puis

qu'ils les ont inuentees. Et bien qu'en
dites vous Meffieurs les ftudieux apres
vous eftre alambiqué l'efprit à la lecture
de tant d'Autheurs, ne deuiendrez vous
pas fçauans en diable, ne ferez vous pas
eloquens comme beaux diables? & fy, fy,
vertugoy i'ayme bien mieux manger fa-
lé que trouuer le vin de mauuais gouft:
Auiourd'huy on ne fera plus d'eftat des
hommes s'ils ne font tous confis en eloquence. Qui faict que le plus fouuent
l'on dit : ah que cet homme eft remply
de fcience, vrayement il a le difcours en
main comme vne raquette a la bouche,
Il parle mieux qu'vn four encor qu'il
n'aitpas la bouche fi grande. Il dit d'or
encor qu'il n'ait pas le bec iaulne, & autres difcours au vieil loup, qui ne me feront pas pourtant adorer les fciences. Et
bien pofons le cas qu'elles ayent efté in-
uentez par les hommes & non point par
les Demons. Les hommes ne font-ils pas
cauteleux & frauduleux comme diables.
Car pour exemple, fi les fciences fe logent en l'efprit d'vn homme de biẽ, elles
le feront deuenir mefchant. Si elles pren

nent place en celuy d'vn meschant elles
le feront deuenir encore pire , & si elles
s'arrestent en vn cerueau leger, elles le fe
ront deuenir incensé. Car il n'y a rié qui
trouble plustost vn esprit solide & rassis,
que la multitude des liures & des sciences. Et qu'ainsi ne soit par les sciences vn
Grammairien deuiendra malin, vn Poëte
menteur, vn Historien mensonger, vn
Rethoricié flateur, vn Sophiste broüillõ,
vn Arithmeticien sorcier, vn Musicien,
yurongne (car il n'y a rien qui altere plus
que la musique) vn Baladin paillard, vn
Geometrien vanteur, vn Cosmographe
vagabond, vn Phisicien resueur, vn Mar-
chãt pariure, vn Meusnier larron, vn Me
decin meurtrier, vn Apoticaire empoisõ
neur, vn Barbier deuiendra bourreau, vn
Gendarme viura de proye, vn Gentil hõ-
me foulera ses subiets, vn Alchimiste deuiendra afronteur & imposteur, vn Cuisinier gourmand & vn sergent affamé cõ
me vn Comediẽ de caresme & de la nou-
ue'lle creuë. Et puis dites que les sciences
sont bonnes ? Dequoy donc se peuuent
vanter les Philosophes dont les escoles
font tãt de bruit par l'vniuers? Tellemét

que le moindre fauetier pour efleuer fon
fils au degré d'honneur l'enuoyera aux
efcoles à Thoulouſe , Poictiers , Bour-
ges & autres vniuerſitez afin d'aprendre
à eſtre ruzé en toutes ſortes d'arts & de
ſciences qui ſouuent font efpouſter leur
maiſtre à double carillon & a deſcouuert. Car ie vous prie n'eſt- ce point ſciẽ
ce que de defrober, n'eſt- ce point ſcience que de ſe mefcôter àſon profit? N'eſt-
ce point ſcience que d'abuſer de l'honneur d'vne fille, par belles paroles , &
luy crocheter la ſerrure du cadenat de ſa
pudicité ? Vous reſpondrez peut-eſtre
qu'il faut faire diſtinction des bonnes &
des mauuaiſes: Quant à moy ie maintiens
que tout n'en vaut rien : Car plus vn hõ.
me ſçait de ſcience , & plus ſçait il de
meſchanceté Vous voyez fort peu d'hõ.
mes adonnez aux ſciences qui ſoiẽt gras,
refaits & en bon poincts. Au contraire
vous les verrez ordinairement maigres,
paſles & hideux , les iouës plattes comme le ventre d'vne nouuelle accouchee,
les yeux enfoncez en la teſte comme le
cripfimhen d'vne nouuelle mariee le lé-
demain

demain de ſes nopces , le ventre flaſque
comme le bagage d'vn chaſtré, le viuan-
dier de nature, fleſtry & mal amanché.
Aux ſciences eſt faicte diſſolution des
eſprits vitaux, & par exemple conſiderez
vn homme, qui ſera attentif à la lecture
d'vn liure, ne iugerez vous pas que toutes ſes humeurs & facultez naturelles ſe
guindent au cerueau ? Tellement qu'il
eſt à preſumer qu'il n'en reſte guere pour
enfler les nerfs cauerneux, ſi bien que les
pauures femmes en ſont ſouuẽt mal par-
tagees, qui eſt cauſe de les faire diablaſ-
ſer & cracher mille iniures contre les
ſciences. Au contraire vn bon gros, gras
pitault de village qui ignorera les ſciences, ne ſçaura lire ny eſcrire ſi ce n'eſt
auec la plume naturelle ſur le parche-
min velu, meritera d'eſtre muqueté, ca-
reſſé & recherché du genre feminin: Telles gens ſuiuent le prouerbe qui dit, *pau-*
co parlare & bene biſognare, & de fait pour
en bien parler les enfans ne ſe font point
à coups de langues. La multitude des paroles fuſſent elles ſucrees ne ſeruent en
façon du monde à l'accroiſſement du

D

genre humain. Il ne faut point faire son
cours en Philofophie , pour coucher a-
uec vne femme , toutes les fciences du
monde ne la fçauroient contéter. Socra.
tes eut fort bonne grace, lors qu'il con-
fessa publiquement qu'il ne fçauoit rié:
Et le Philofophe Esoppe en dit vn iour
autant à son maiftre pour mefprifer vn
certain qui s'eftoit vâté de fçauoir tout:
Voila pourquoi l'on ne doit blafmer
ce grand Monarque Valentinian pour
auoir efté ennemy des lettres ny vn Lici
nus Empereur, qui les appelloit poisós,
& peftes publiques, veu mémes que Ciceron fur la fin de son aage, les a du tout
abhorrees. Pour conclurre , vn homme
qui ne fçait rien ne fçauroit faire de mal
vn hôme dis—ie qui ne fçait rien, ne peut
apprendre aucune mefchanceté à vn autre. Brief fi nous ne fçauons rien, ce n'eft
que par faute de cefte vaine fcience que
nous aurons mefprifee. Ce n'eft que par
l'abondance de cefte gentille ignorance,
dont nous fommes fournis, par le moyé
de laquelle nous efperons monftrer que
beaucoup mieux vaut la fimple ignoran

ce que la vaine fcience. Nous en tou-

chons l'exemple du bout du doigt, ou
fiecle où nous fommes.

——— ——— ——— —— ——— ———

Autre chanſon, ſur vn air noũueau.

VN iour la belle Alix en s'allant pro-
　　　me ner,
Me dit & quoy Robin qu'eſt·cela tu ne
　　　bouge,
Monte en ceſt arbre là pour du fruict me
　　　donner,　　　　　　　　　(rouge
Deſpeche viſtement car i'ayme le fruict
　　　Branle branle ce dit elle
　　　Les plus meures tomberont
　　　Tu ſçais la couſtume eſt telle
　　　Vn iour la grand Margot à l'ombre
　　　d'vn buiſſon,
Me diſoit en riant puiſque nous ſomme
　　　enſemble,
Brũle l'arbre d'amour & m'en fais la leçõ
Fais tomber de ſon fruict car cela bõ me
　　　ſemble,
　　　Branle branle ce dit elle, & c.
I'eſtois auec Catin deſſous vn ſeriſier,
Qui n'en pouuant auoir deuers moy ſe
　　　vint plaindre,
Et ie te prie Michaut tãt q̃ te peux prier

prier,
Donne moy de ton fruict car ie ny puis
    atteindre,
        Branle branle ce dit elle,   &c.
    Ieane me demandoit d'vn fruict deli-
        cieux.
Mais quoy pour en auoir ie n'auois point
    deschelle,
Me dit monte sur moy tu en auras bien
    mieux,
Ie branleray assez car ie te feray belle,
        Branle branle ce dit elle, &c.
        Charlotte m'a appris le branle de l'a-
        mour,
En me serrant de pres à ventre contre
    ventre,
Me disant mon mignon ainsi branle
    tousiours,
Remue bien le corps tu est dedans si tu
    y entre,
        Branle branle ce dit elle, &c.

Conclusion.

Subiects au branlement sont les astres
    des Cieux,

Toute chose icy bas en son ordre balance,
Suiuant ceste raison, branlons à qui
mieux mieux,
Chacun de son costé sans sortir de cadence,
Branlons donc ce dit elle, &c.

Prologue VI.

Ous excuserez si l'aspreté de nos lagues n'a passé sous la docte & pollissante lime de Suadele, & si nous ne sommes doüez de toutes les conditions qui appartiennent à l'art de bien dire, & de bien faire: attendu que ce deffaut vous representera la veritable forme de nos conceptions, qui ne sont point bastardes ny prouenues d'vne semence illegitime, comme beaucoup se pourroient persuader: m'asseurant que les chastes oreilles, ny ceux qui portent de la science dans les yeux pour iuger de la beauté, grace & mesure des actions, & de ce qui est haut & releué

en la contenance de l'Orateur, ne pour-
ront prendre en mauuaiſe part ceſte aua-
re influence que nous tenõs de Minerue
s'ils conſiderent les faſcheuſes difficul-
tez, tant de la raiſon que du Poeme. Mais
d'autant que ma deliberation n'eſt pas
des aſſocier entierement aux excuſes:&
que la fortune regiſt auiourd'huy noſtre
Theatre ſoubs l'organe d'vn tragicque
ſubiect, Ie prendray lettres de changement pour vous depeindre ce que l'art &
l'experiéce m'en ont appris. Et pour tou
cher la corde de cet inſtrument, il faut
conſiderer que l'inconſtance & variable
fortune bié que l'on celebre d'autres diuinitez) preſide & a la ſouueraine domi-
natiõ ſur toutes les choſes humaines. Et
comme diſoit Solõ a la vanité de Creſus
Roy des Lidiens, l'on ne peut iuger de
l'heur de la vie qu'apres le mort. Et pour
exemple, qu'elle plus grande & plus e-
ſträge Metamorphoſe ſçauroit-on exco
giter pour depeindre naifuement les mu
tatiõs que les victoires aduätageuſes de
Cyrus Roy des Perſes: lequel apres auoir
transferé le Royaume des Medes en ſa

puissance ? conquesté toute l'Asie, & a-
uoir heureusemét regné vingt-neuf ans,
En la bataille qu'il eut contre Tomiris
Royne des Scithes perdit deux cens mil
hommes, entre lesquels il fut pris, &
depuis executé a mort. Vn Hannibal encore ayant pour le commencement dompté quelque ville en Espagne, forcé les
Fraçois de trauerser en Italie, ouuert les
Alpes par l'artifice du feu & du vin aigre
chassé vaincu & presque destruit les Romains en plusieurs batailles, iusqu'à se
voir desia l'vn des pieds dans Rome, fut
neantmoins reuocqué d'Italie à Cartha-
ge, vaincu du ieune Scipion. Et finale-
ment contraint de se retirer pardeuers le
Roy de Bithinie : où craignant d'estre liuré au pouuoir des Romains, il huma le
venin qu'il auoit des long-temps prepa-
ré & enfermé soubs la pierre de son an-
neau. Ie laisseray à part Pompee, Mi-
tridates & plusieurs autres Romains,
pour vous exposer comme ce grand
Troyen, apres auoir vn monde de felici-
tez, vit non seulement la ruine de son
Royaume, destruction & sac de son

Ilion, mais encor le meurtre de ſes ver-
tueux & magnanimes enfans. Mais d'a-
bondant s'en peut-il trouuer vn plus infortuné que Denis Siracuſain, ſecond de
ce nom, du commencement, ſi riche, ſi
heureux & ſi puiſſant, tant par mer que
par terre, qu'il ſe vantoit d'auoir reparé
ſon Empire de pierre de Diamant. Et
lequel neantmoins fut Spectateur du
meurtre de ſes enfans : vid proſtituer &
violer ſes filles, & deuint en fin ſi ridicule qu'il ſeruoit par les boutiques des
Barbiers, & dans les rues de paſſe temps
à vn chacun, & en fin mourut extréme-
ment pauure & miſerable. C'eſt enquoy
nous deuons merueilleuſement exalter la
reſponce que fit le Philoſophe Epictete
à l'Empereur Adrian, qui luy ayant de-
mandé quelle de toutes eſtoit la meilleure vie: Reſpondit conformémét à ſainct
Paul, la plus courte. Car puis que la fortune a bien le pouuoir d'attaquer les
Royaumes, & les Monarchies, à plus
forte raiſon peut-elle ſupediter & enua-
hir les ſimples populaires, ſemant des
diſſentions parmy les republiques, les

mieux

mieux ordonnees & establies, & agitāt
les vaisseaux flottans sur le dos vouté de
ce grand Amphitrite pour enseuelir l'e-
sperance, & l'auancement des marchans
trafiquās, & cherchans ses faueurs, parmy la difficulté des legers Aquilons. De
façon qu'il est beaucoup meilleur cóme
disoit Denis apres auoir perdu le Royau
me de Corinthe, auoir esté si infortuné
dés son enfance que de seruir en fin de
passe-temps à la fortune. Et viénent encor en memoire les Lacedemoniens qui
furent premierement Seigneurs de The-
bes : & quelque temps apres chassez,
vaincus, & presque destruits des The-
bains. Voire leur ville de Lacedemone
eust esté prinse sans la crainƈte qu'eut
Epaminondas, que les Peloponesiens
venus a son secours ne se reuoltassent,
Mais pour estaler les diuerses contra-
rietez de ceste criante Deesse, nous con-
sidererons qu'vn Barbier, nommé Cina-
mus (ce me semble) s'esleua en peu de
temps si heureusement, qu'il parangon-
noit les plus riches Senateurs & Patrices
de Rome: Ainsi que le rapporte Plutar-

que en la vie de Pelopidas, Iuuenal en ſa
premiere Satyre.   L'on vid auſſi Marius
extraict de fort pauure lieu , ſept fois
Conſul à Rome, & neantmoins au ſixié
me Conſulat mandier ſa vie dans Car-
thage, & toutesfois quelques temps a-
pres fut reintegré en ſes premieres authoritez. Or ſortant de ce Dedale con-
fus de fortune nous empieterons les tra
ces de l'amour. Ou nous retournerons
comme vne branche de la meſme tige,
par ce qu'il eſt autant muable comme
la fortune, & ſymboliſe en beaucoup de
ſes parties. Car ſi nous conſiderons les
effects qui comme eſcortez de toutes
les merueilles ne peuuent enfanter que
des eſtonnements & des admirations,
nous confeſſerons que s'il n'eſt proprement vn Dieu Cupidon , qu'en tout cas
l'amour eſt vne puiſsance diuine: Voyõs
donc vn peu ſes charmes , & liſons ſes
aduantures , & nous trouuerons que
l'humanité ne reſpire point de ſi grands
euenemens. Qu'ainſi ne ſoit, nous voyons ordinairement que deux ames reci-
proquement animees de la douce amer-

rume d'amour , ne laiſſent pas de con-
uerſer enſemble par les mutuelles penſees qu'vne fauorable imagination leur
offres, encores qu'il y ait vn grand e-
loignement entre elles. C'eſt enquoy
l'amour deſcouure ſa diuinité : puis
que ce ne ſont point les yeux qui
voyent l'obiect , la langue qui pronon-
ce, ny les conceptions qui témoignent.
C'eſt vn gras que de faire trauerſer à ces
petits traits les airs plus lointains, les
rochers les plus durs & incapables : les
plus eſpaiſſes & cõfuſes foreſts : les mers
les plus eſtranges, & incertaines. Voire manifeſter ſon pouuoir iuſques au
Royaume Plutonique. Mais combien
ſa diuinité a elle ſuppedité de grands &
notables courages ? Nous liſons que
le Pſalmiſte que Dieu auoit eſleu ſelon
ſon cœur, le conſtituant Roy ſur ſon
peuple praticqua la mort de ſon bon
ſeruiteur Vrie pour iouir des beautez de
Bethſabee , de laquelle il eut Salomon
inſpiré de ſes diuinitez, & lequel neantmoins s'affecta tellement aux enfans,

qu'il en auoit trois cens Princeſſes , &
neuf cens concubines, qui le firent deſ-
uoyer, & meſcognoiſtre Dieu. Ce grand
Samſon beny de ſon ſainct Eſprit eſtant
en Gaia ,   laiſſa-t'il de s'abandonner à
vne paillarde , & depuis à Dalide: de laquelle il fut trompé , & liuré aux Philiſtins qui luy creuerent les yeux. Ce grãd
Alcide apres auoir deliuré le monde d'v-
ne infinité de hideux , horribles & de-
teſtables monſtres que la terre cou-
uoit en ſon ſein , & apres auoir eſté le
dompteur, de tant deuainqueurs, ſe laiſ-
ſa-il tellemét ſuprendre à l'amour d'Om
phale Royne de Lydie qu'il la ſeruoit à
pluſieurs offices feminins, iuſqu'à prendre la quenoüille & le fuſeau pour filer
de la laine. Mais encore ne ſe faut il tant
eſtonner de ces grands perſonnages qui
ſe ſont ainſi laiſſé ſurprendre à l'amour,
que de certains ridicules amoureux du
téps paſsé, deſquels les vns s'enlaſſerent
débordement aux beſtes bruſtes, comme
le fils de Xenophon à vn Chien, Glau-
que ſinguliere ioüeuſe de harpe à vn
mouton Semiramis à vn cheual. Paſi-

phaë à vn Taureau, Aristo Ephesien à
vne Asnesse. Et sur tous le plus brutal a-
moureux fut ce ieune Athenien, lequel
s'amouracha si esperduement de la statue
colloquee aux Pritanees d'Athenes, qu'il
l'embrassoit, l'adoroit, & la caressoit selon les intentions des plus foles super-
stitions d'amour: Si que ne l'ayant peu re
couurer pour argent du Senat apres luy
auoir entortillé les cheueux de fins ru-
bans, & versé de ses yeux vn Occean de
larmes s'occit de dueil deuant elle. Toutes ses diuersitez, diuersement amassees
promettant que la fortune qui s'empa-
re auiourd'hui de nostre Theatre, pour
y representer les plus furieux actes de la
Tragedie, décoche ordinairement les
traicts de son ire sur les choses plus hautes, plus patentes, & solides. Enquoy
Messieurs, vous remarquerez, s'il vous
plaist, que de tout ce qui est côpris sous
l'archande celeste, il n'y a rien qui se puis
se dire exempt des reuolutions, & vi-
ciscitudes, puis que les choses qui semblent estre icy bas immuables souffrent
les secousses du temps, & l'inconstance

dela fortune·   Noſtre Tragedie vn peu
plus releuee que mes paroles vous en
donnera telle preuue que ie n'alongeray
point d'auantage le fil de cet ennuyeux
diſcours. Voyci deſia l'vn de nos acteurs
qui raui de l'attention que nous tenons
de vos cortoiſies vous vient apporter les
atrhes de ma promeſſe. Et moy ie me re-
tirerai contant & redeuable à voſtre fauorable ſilence.

Autre chanſon nouuelle , Sur le chant viue
le Gentil gaudelureau.

Ramonneur ſuis qui d'vn baſton
Ou de ma gaulle droite
Ramonne de bonne façon
La cheminee eſtroitte
     Qui employe bien ſon outil
     La ioye en eſt parfaitte.
Ie ſuis vn pauure ſauetier,
D'vn humeur aſſez froide
Qui trauerſe vn cuir tout entier,
De mon alleſne roide·
     Qui employe bien, &c.

Ie rabille les chauderons
La poille & la caffette
Et fi faits enfler les tetons
D'vne ieune fillette
    Qui employe bien, &c.
Ie fuis vn bon foldat d'amour,
Qui ne fais point retraitte
Ie fçay combattre nuict & iour
Au champ de la brayette
    Qui employe & bien, &c.
Et moy grand pefcheur de poiffon
Qui dans les trous furette
Ou fe mollit mon ameçon
Par vn ardeur fecrette
    Qui employe bien fon outil
    La ioye en eft parfaite

Conclufion.

Vous qui auez de bons fuzils,
Prenez vne allumette,
Ardante comme nos outils,
Qui voftre flame arrefte,
    Qui employe bien fon outil,
    La ioye en eft parfaicte.
       E iiii.

Prologue VII.

V ſont-ils ces Paraſites, ces mouſches de cuiſine (ne vous eſtonnez pas, Meſſieurs, car *ſit mihi fas precepta loqui*) Où ſont, dy ie ces, importuns ſi cofantes qui ont eu l'audace d'affronter celuy qui *ad ſummam Thucididis , & Hiperidis ad famam proceßit?* ſera il dit que i'endure ce tort? Ah! ie iure ſur les Buccoliques de Virgile & par tou tes les Godes & Decretales que ie m'en vengerai. Meſſieurs ne vous eſtónez pas ſi vous me voyez épris d'vne haute co-lere, & vous repreſentez quant & quát que ie ne ſuis venu icy que pour vous prier d'embraſſer mon parti contre cer-tains podagres, comme dit *Menorus* en ſes ſermons, ſoufflé à tire-larigot, m'ont par brauade fait improuiſtement ſortir de mon cabinet, pour appointer vn differéd de bonne maiſon, ſans m'auoir voulu dó-ner le loiſir de mettre vne doze d'eloqué-

ce & de science dans ma gibeciere: Tellement que m'ayant representé leur di-
uorce , qui estoit d'vne consequence
consequencieuse, & ayant perquisité,
fouillé & recherché dans tous les plis de
madite escarcelle , ny pas seulement
trouué pour vn marauedis de doctrine.
Ce qui les auroit esmeuz a vomir mille
imprecations contre ma capacité , me
voyant immobille & muet. D'attendre
donc quelque fruict de ma venue ce seroit proprement vouloir pescher des
escreuices sur les Piramides d'Egypte.
Toutesfois m'estant encore resté l'Idee
& la fumee d'vne infinité de bons argumens que ceste mienne faculté à autrefois fabriquez auec le marteau de l'Alme
sapience : Ie ne laisserai en attendant
que Pierre du Puy sera attaché, & qu'il
aura pris ses pentouffles pour aller chercher dans le iardin de ses imaginations
toutes sortes de menues herbes propres
à recueillir l'esprit, de vous entretenir
sur l'esclandre que m'ont faict ces ver-
misseaux. Or sus, or çà, or doncques , *in-
primis & ante omnia* : ie vous diray succin

ctement en dix huict cens milles paroles
ou enuiron, ainſi que dit Scipion l'alteré
au quinzieſme liure & demy de la Troye
qui file de la ruë neufue ſaint Marri que
l'vn deux ſe plaignoit à moy que ſon
compagnon faiſant ſemblant d'eluy dire vn mot à l'oreille, luy auoit furtiue-
ment & de guet a pends contre l'ordonnance & regle braqueta le piſſé dans ſon
eſcarcelle, & en ce faiſāt gaſté tout le ca-
ractere de ſes chauſſes, en ligne directe
& colateralle: L'autre a l'antiquité Gau-
loiſe ſe ſeruant de muraille pour mou-
chouer, ſouſtenoit à fer eſmoulu que
il n'eſtoit pas receuable pour auoir reellement & de faict abbreuué du fin fond
de ſes gregues toute l'aſſiſtance, & y
auoit perſiſté auec deſpens, dommages
& intereſts, à quoy il concluoit, & en
augmentant, diſoit qu'il auoit bandé ſa
ligne Equinoctialle, comme s'il euſt
voulu dire ſon arbaleſtre naturelle du
coſté du ponant de ſa chere eſpouſe, ſans
autre forme de procez. L'autre articu-
lant ſes raiſons ſur le bout de ſes doigts
par le menu & en deſtail, fort metho-

diquement : ainſi qu'il eſt rapporté par
ce Britanique Orphee en ſes contes &
diſcours à dormir debout, & alongeant
le col ſeulement de la longueur de demy pique proteſtoit à ventre débouton·
né que le dire de partie aduerſe ne luy
peut preiudicier , & faiſant vne paren-
theſe releuee en boſſe auſsi grande que
la ville de Paris, y comprins les bons
hommes, mettoit en auant qu'il ny auoit
rien plus propre pour fomenter , con-
forter, & conſolider les parties vmbili-
caires d'vne pucelle , qu'vne drachme
de quinteſſéce vitalique appliquee tout
chaudement ſur la partie peccante, vn
autre vint à trauers champ, & quaſi com
me à brid abbatues les bras pendans de-
mander raiſon de l'excés que luy auoit
fait vn nommé Thomas pour luy auoir
in modo & figura, fait enfler ſon baſton
paſtoral d'vne telle ſorte par le moyen
d'vne chiquenaude qu'il auoit donnee
de toute ſa force contre le iambage de
ſa brayette, qu'il auroit eſté contraint,
au grand preiudice, & intereſt de ſa
pauure muliercule, de luy chercher vn

autres eftuy ? Aprés toutesfois qu'elle
auroit protefté àcuiffe ouuerte de le faire forclore , à faute d'eftre adroit , &
de produire dedans le temps de l'ordonnance fes pieces iuftificatiues & non
cupatiues. Or côme ie raſſemblois mes
efpris, le deffendeur comparant en per-
fonne & par Crocque lardon , ouurant
la gueulle d'vn pied & demy de long,
dît tout de bõ qu'il me recufoit, & pour
caufes. *Primo.* Que i'auois les pieds plats
comme vne tortue, que ie portois mon
efcritoire du cofté du Soleil couchant,
que i'auois entamévn pot de beurre fans
placet, vifa ne pareatis, que i'eftois cou
ftumier de piffer contre le vẽt que ie re-
femblois à vn valet de treffles auec mes
chauffes faites en fourreau de piftolet,
que i'auois le nez fait comme vn homme de par le monde, que depuis peu de
temps ie m'eftois ingeré de luy vendre
des coquilles, encores qu'il fut nouuel-
lement arriué du Mont fainct Michel,
que ie recherchois mydy quand il eftoit
fonné.   Bref que i'eftois incapable de
incapacité. Tellement que me voyant.

comme dit est, le cerueau desgarny de
science, pour refuter toutes ses imperti-
nentes recusations, ioint mesmes que ie
n'auois pas mes lunettes, sans lesquelles
il m'estoit impossible de voir clair en vn
affaire de haute game comme celuy-là,
i'ay esté contraint remettre le tout à de
main. Et parce que c'estoit mon chemin
de passer par icy, ie vous en ay bien voulu aduertir, afin que vous n'en preten-
diez cause d'ignorance, &c.

Chanson nouuelle, sur le chant, ma
Deesse mon amour.

Mon voisin en se riant
Ambrassoit sa chambriere
Pensant boucher son deuant
Il luy boucha le derriere,
    Fy fi ostez moy ce fou
    Sa piece est aupres du trou.
  Vn pauure sot de tailleur
Voulant appaiser sa flame
Il mit son aiguille ailleurs
Qu'en la fente de sa femme,

Fy fi oſtez moy ce fou, &c.
Vn certain chauderonnier
Pour ne ſçauoir la maniere
Ny les traicts du bas meſtier
Il mit ſa piece a coſtiere,
  Fy fi oſtez moy ce fou, &c.
Moy qui ſuis vn bon frelot,
Le premier iour de ma nopce
N'ay ſceu planter mon hillot,
Dans le milieu de la foſse,
  Fy fi oſtez moy ce fou, &c.
Et moy de mon membre droict
Penſant luy chercher le centre,
Ie luy mis tout mal adroict
Dans l'vn des plis de ſon ventre,
  Fy fi oſtez moy ce fou
  Sa piece eſt aupres du trou.

Concluſion.

Fy donc de ces ieunes fouls
Qui font tout à l'aduenture
Et ne trouuent pas les trous
De noſtre mere nature,
  Femmes laiſsez donc ces fouls
  Qui ne bouchent point vos trous.

Prologue VIII.

Vis que la fin de noſtre va-
cation ne tend à autre but
qu'à repreſenter les actiõs
humaines, & que noſtre
Theatre eſt comme vn a-
bregé de ce grand monde, auquel ſe void
en grand & petit volume le principe, le
milieu, & la fin de la vie de l'homme, i'ay
penſé que vous m'honoreriez d'vne fauorable audiance ſi en peu de mots ie
vous en diſois mon aduis. Sans donc dé-
guiſer le ſuiect, & ſans appeller vne choſe par vne autre nõ que le ſien propre: Ie
ſouſtiédrai que le méſonge eſt fort vtile
& neceſſaire à l'homme, & que l'vne des
plº belles vertus qui le rẽde auiourd'huy
recõmandable, eſt de ſçauoir mentir par-
faitement. Et pour appuyer mõ diſcours
de fermes & ſtables pilotis, ie tirerai mes
premieres raiſons de ceux qui depuis le
desbrouillement du cahos ont le mieux,
& le plus ſubtilement traicté ceſte ma-

tiere, & qui depuis leur estre iusqu'à ce
iourd'huy ont esté estimez les maistres
en ceste escrime des actions humaines.
Ce fôt les Philosophes moreaux, qui dis.
courant de la nature d'icelles, disent que
comme elles tendent toutes à bien, celle
là sont les plus parfaites, qui apportent
plus d'vtilité à l'homme, Or il se peut par
vne induction & denombremét general,
tant de toutes les nations de la terre ha-
bitable que de toutes sortes de conditions & vocations, facillement monstrer
que le mensonge est celui qui a illustré la
vie d'vne infinité de galands hommes
desquels encor auiourd'huy nous admirons les vertus & en honnorons la memoire. Tous les anciens Galdeens, Ægy·
ptiens, Grecs & Romains, recognoissant que la verité estoit par trop foible
pour retenir la populace en bride, ont
forgé des religions d'vne infinité de men
songes, ont fait vn Iupin auec vn fou-
dre à trois poinctes, Neptune auec vn
trident, Cupidon auec des sagettes, Vul-
can auec vne torche ardante, & mille autres fictions, desquelles encores auiour·

d'hui

d'huy nous admirons les Autheurs, pour
par le moyen d'icelles se faire obeyr à
leurs subiets, & les entretenir en vne
perpetuelle concorde. Ainsi Numa Pom-
pilius donna vn plus ferme establissemēt
à ses loix & à sa grandeur par le moyen
du mensonge qu'il inuenta, d'auoir ac-
cointance auec la Nymphe Ægerie, qu'il
n'eust sçeu faire par aucune punition des
contreuenans, ny pour aucune apparen-
ce de verité, où iustice d'icelles : Autant
en fit Minos en Crete, Solon à Athenes,
Licurgue en Lacedemone, & Zoroastre
en Babylone, tous lesquels non seulemēt
se sont faict craindre de leurs subiects,
cherir & adorer d'iceux : Mais encores se
sont acquis vn renom de demy Dieux,
lequel n'aura iamais de fin. Et par sem-
blable imposture Mahommet du temps
de nos Peres a ietté les fondemens d'vn
Empire, lequel de sa sourcilleuse grandeur menasse presque toutes les autres
souuerainetez de la terre, de laquelle il
semble mediter la totalle conqueste par
ceste deuise qui auec vn croissant porte
donec totum impleat orbem, tant a eu de force

le menfonge au prix de la verité: Et fi par
degrez il m'eftoit loifible de defcendre
des plus releuez Monarques, iufques à
leurs moindres fubiects , ie ferois voir
euidemment qu'il n'y en a pas vn à qui
cefte faculté ne foit extremémét necef-
faire. Les chefs de guerre, & les Financiers en leurs functions en ont grand be-
foin. Les Iuges en l'adminiftration de
leurs charges. Et Meffieurs les Aduocats
lefquels fouftiennent que le preteur leur
permet de mentir au §. *Nam fi cui ex iuxta
caufa, &c.* Les Marchands & Artifans au
lieu du fruict que leur apporte ordinaire
ment le commerce, n'y trouueroiét que
des efpines & des chardons, s'ils ne fça-
uoient métir a fonds de cuue. Les amoureux fur lefquels ie pourrois eftendre
mon difcours, mais vn grand volume n'y
fuffiroit pas, ne mouilleroient pas fi ailé-
ment l'ancre de leurs defirs au havre tát
defiré de tous les Amãs s'ils n'éployoient
le vent d'vne infinité de méteries pour y
paruenir. Auiourd'hui tous nos courti-
fans feroient tenus pour vrais marioles,
& pefcheurs d'efcreuices, s'ils ne prati-

quoient ce beau ſtile, auquel par maniere de commentaire ils ioignent la diſſi-
mulation , ſa couſine germaine en ligne
directe & colateralle. Les Medecins, &
Chirurgiens , Maquereaux , meſmes les
Arracheurs de dents ne s'aydent-ils pas
du menſonge? Et qui en doute ? Mais
nous n'auons donné encores que la premiere touche au tableau des actions de
nos Amoureux, paſſós y le pinceau pour
y donner le luſtre qu'il merite. N'eſt-il
pas veritable que quand ils abordent
leurs maiſtreſſes ils leur fót des diſcours
ſi eſloignez de la verité qu'il ſemble pro
prement que ce ſoient des ſonges de malades ? Quelque nouuel Adon,imitant la
fable du Regnard & du Corbeau, &
afin d'auoir part au formage perſuadera
à ſa maiſtreſſe que ſa beauté eſt incom-
parable,& elle ſera beaucoup plus ſem-
blable à vne Meduſe,les hydeux regards
de laquelle metamorphoſoient les hommes en rochers. Il dira que ſes cheueux
annelez & crépelus,feront honte a ceux
d'Apolon,ils ſerót deſliez & friſez cóme
les brins d'vne eſpouſlette,ſó front poly,

comme vne belle glace de criſtal, & toutefois ridé comme vne chemiſe de Flandres. Il dira auſſi que ſes yeux lanceront
des regards ſi brillant, que la moindre ſera capable d'eſchauffer vn vieux courage
Mais ce ſera donc l'eſcarlate dont ils ſõt
bordez, qui produira plus de cire & de
gomme qu'il n'en faudroit pour fournir
la meilleure paroiſſe de France du lumi-
naire. Il dira que ſon nez vn peu recour-
bé ne ſe pourra comparer, il ſera hiſtorié
comme vn macaron, & retrouſſé comme
le chauſſe pied d'vn Pelerin de ſainct Ia-
ques : Il dira que ces iouës ſont pleines
de lis & de roſes, & elles ſerõt vermeilles comme vne ſolle fritte : Elle aura de
reſte dans la bouche cinq ou ſix dents
rouillez, & faites en cheuille de luth, &
neantmoins il comparera à des perles O-
rientalles, & les atteſtera telles a tous
hazards : Il dira que ſon ſein recellera
deux boulles d'yuoire, ou deux monta-
gnes de laict, & ſes tetins, ou pluſtoſt ſes
tetaſſent reſſembleront a deux bourſes
vuides. Bref il ne parlera qu'auec admiration de ſon corſage, & en fin qui le cõ-

fiderera bien, le trouuera faict comme la
valize d'vn poftillon. Et bien Meffieurs
les amoureux, qu'en dictes vous ? Eft .ce
point mentir reellement & de faict & au
Soleil & à la Lune, & fi apertement qu'il
faut que vous paffiez condánation, fauf
voftre recours contre l'amour ? Mais dira.
ici quelque careleur de fabots, ou quelque fauetier à courte alaifne, vous ne par
lez point de vous, ·monfieur le Come-
dien, vous vous tirez du pair, bien que
vous foyez des plus auant en la partie,
vous vous vantez le plus fouuent de cha
touiller de la mignardife de vos Poemes,
les oreilles des plus feueres & difficilles,
de rauir en admiration ceux qui vous ef-
coutent: bref d'affembler le Ciel & la
Terre pour noftre contentemét, & neät-
moins le plus fouuét vous nous réuoyés
chez no? auffi peu edifiez de vos fpecta-
cles que fi en vn feftin on nous auoit
traittez de quelque viande en taille dou
ce. Ha! vrayement ie t'en fçay bon gré
mõ amy: Et quoy? penfe tu que ie vueil.
le exempter noftre Academie du men·
fonge? Telles faulffetez arriuant le plus

ſouuent par l'inſolence de quelques Au-
diteurs qui n'ont pas l'appetit diſpoſé à
gouſter le fruiĉt de nos labeurs , ou par
l'impertinence de quelque veau de diſ-
me , qui ne ſçaura rendre raiſon que des
geſtes des Aĉteurs , Mais paſſons outre.
Ne trouuerons nous pas que Iudith s'ay
da du menſonge pour ſauuer ſa patrie du
peril eminent qui la menaçoit? Et encores par comparaiſon, ſi quelqu'vn auoit
tué ſon ennemy en lieu ſecret , & qu'il
fuſt apprehendé de laIuſtice, le voudroit
il confeſſer? Tout de meſme ſi quelqu'vn
eſtoit accuſé d'auoir faiĉt quelque muſique en faux bourdon au fond de ſes
chauſſes , le voudroit-il confeſſer auſſi
pour ſon honneur : Ne prendroit il pas
le grand hemin de Nyort. Or reprenans
le fil de nos authoritez , le diuin Platon
(bien qu'il ſe ſoit monſtré aſſez grand
zelateur de la verité) ayant au ſecond de
ſes loix bāny les Poetes à cauſe de leurs
menteries : neantmoins au 2. liure de ſa
Republique il dit: *ſeleĉtas fabulas matres ac*
nutrices pueris narrare hortabimur, &c. C'eſt
à dire, en peu de mots , que la premiere

chose qu'on doit enseigner aux enfans,
c'est de leur apprendre à mentir, & com-
mãder a leur nourrices de leur faire succer ceste vertu au laict de ieurs mammel
les. Aristote au 7. chapitre du 4. liure de
ses Ethicques, parlant de la verité & du
mensonge les met en esgalle balance:
Mais que sert de mandier des preuues en
ces exẽples particulieres, puis que tout
le monde d'vn commun consentement
aduouë, recognoist & pratique auec tãt
de subtilité ceste vertu de mentir, que
mesmes on en enseigne l'art aux escoles
publiques: Car n'est-ce autre chose l'art
de Rhetorique, sinon l'art de bien mẽtir.
La fin de l'Orateur, disent les Rethoriciens est de persuader. Or il n'est point
besoin de persuader la verité puis que
d'elle-mesme elle est assez forte, comme
dit ce sainct Personnage, *nullo eget auxilio
veritas, &c.* Pour conclusion donc ie diray qu'il faut mentir, & que si la verité
n'a point besoin de l'eloquence, il faut
bien par necessité que l'eloquẽce, serue
au mensonge, autremẽt elle seroit inu-
tille.

Autre chanſon nouuelle, ſur le chant
allons au bois allons amour.

LA premiere nuittee,
Ma femme entre mes bras, voila:
C'eſt trouuee accouchee,
De deux beaux petits gards, voila:
     Mais on cognoit par cet effect,
     Que ie ſuis vn cocu parfaict.
   Moy i'ay pris vne femme,
Qui n'auoit pas quinze ans, voila:
Qui m'a rendu infame,
Pour preſter ſon deuant, voila:
     Mais on cognoiſt, &c.
   Ma femme m'a faict riche,
Pour auoir des amis, voila:
Mon bien eſtoit en friche,
Sans ſon petit coumis, voila:
     Mais on cognoit, &c.
   Moy pour n'auoir la pille
Ma femme i'ay preſté, voyla:
Il m'en vient de la bille,
I'en ſuis bien contenté, voila:
   Mais on cognoit, &c.

Ma femme toute entiere,
Au monde feruiroit,   voyla:
Fuſſe vne fourmiliere,
Elle y reſiſteroit, voyla:
    Mais on cognoit par cet effect,
    Que ie ſuis vn cocu parfait.

Concluſion.

Ie croy bien que vous autres,
Mais ie dy quelques vns, voyla:
En auez bien fait d'autres,
Car ces biens ſont communs, voyla:
    Et on cognoit par cet effet,
    La marque d'vn cocu parfait.

Prologue IX.

PAR ce que traiĉtant cy-deuant du menſonge, i'ay mis en faiĉt que l'art de Rethorique eſtoit proprement l'art de bien mourir : I'ay penſé qu'il ne ſeroit auiourd'huy hors de propos d'en diſcourir, tant pour me reconcilier auec

ceux qui m'ont ſerui de matiere pour rẽ
dre l'œuure parfait en ſa liaiſõ, ſtructure
& ſymmeterie; & particulierement auec
ceux que l'amour ſeigneurie, que pour
adherer à mon naturel, qui n'a embraſſé
le party des menteurs, que pour les faire apres tresbucher eux-meſmes, dans
le precipice que la feinte armonie de
leur voix Acheloiſe prepare a ceux qui
ſe laiſſent conduire ſoubs le faux voile
d'vne infinité de parolles biẽ agencees.
Et d'autant que i'ay touſiours eſtimé
que la Rethorique eſtoit la baſe & le ſeul
ſouſtien du menſonge, i'ay penſé que
pour ruiner ce baſtimẽt il en falloit ſap-
per les fondemens. Ce que i'eſpere faire par la force de pluſieurs belles aucto-
ritez. Mais ſi mon ſtile ſe trouue trop
foible pour eſleuer vn ſi grand poids au
poinct de ſa gloire, ie vous prierai de me
excuſer & d'auoir la meſme patience
qu'euſt cet Empereur Romain, lequel
fit faire halte à toute ſon armee pour
eſcouter vne ſimple femme. Et le Roy
Archeſilaus qui vouloit quelques-fois
ouyr des hommes enrouez, & ayans la

voix rude & mal plaifante: afin de prendre puis apres plus de deleᵉtation à ef-
couter ceux qui eftoient eloquents. Et
foubs l'efpoir d'vne fauorable attention,
ie fuiurai le deffein que i'ay pris de ruiner le menfonge, & par confequent la
Rethorique qui le fouftient. En premier
lieu, Socrates maintient par viues raifons que la Rethorique n'eft n'y art, ny
fciēce, mais vne certaine dexterité d'efprits, & maniere de flatter. Les Lacedemoniens l'ont du tout reprouuee, difans
que le langage d'vn homme de bien doit
proceder du cœur, & non d'aucun artifice. Les Romains ont long temps tenu
la porte fermee aux Rethoriciens. Et
combien que Ciceron fe foit fort alambiqué le cerueau pour donner à entendre que la faculté de bien dire ne def-
pend point tant d'art que de prudence:
& fi eft-ce que le parfaiᵉt Orateur qu'il
a formé, & façonné dans fon liure pour
feruir de patron aux autres, n'a pas efté
bien receu d'vn chacun. Car en premier lieu il fut fufpeᵉt a Brute, homme de finguliere integrité. Tellement

G ii

que ceſte ſentence s'eſt depuis ſouuent promenee par la bouche des hômes, que les reigles & preceptes de bien dire ont beaucoup plus apporté de dommage que d'vtilité a la vie humaine. Et pour en parler ſainement, toute ceſte diſcipline de Rethorique n'eſt autre choſe qu'vn artifice d'amadouer, pour faire croire ſoubs le Maſque de belles paroles, ce que l'on ne ſçauroit faire vſant de la verité & à deſcouuert. Ainſi que diſoit Archidamus de Pericles le Sophiſte Car Archidamus eſtant vn iour interrogé lequel d'eux eſtoit le plus vaillant reſpondit : Encores que i'aye vaincu pluſieurs fois Pericles au combat, neantmoins quand on vient a parler des effects de la bataille, il y eſt ſi bien proueu de langue qu'il fait croire qu'il n'a pas eſté vaincu, mais qu'il eſt le victorieux luy meſme. Quoy? ne liſons nous pas que par ceſte faculté de bien cauſer les plus puiſſâres republiques ont eſté troublees & quelquefois du tout deſtruicte? les Brutes, Caſles, Gracches, Ciceron, & Demoſthene nous ſeruët de preuue, leſ-

quels cõme ils ont esté les plus eloquens
hommes de la terre, aussi ont ils esté
les plus seditieux de leur temps. Ca-
ton surnõmé le Censeur fut accusé qua-
rante fois en iugement : Mais il tenta
plus de septãte procez criminels contre
autres, ne cessant toute sa vie de trou-
bler la tranquilité publique par harangues & plaidoyers enragez. Quoy? De-
mostene s'est-il pas plusieurs fois vanté
entre ses amis de faire tourner & incliner
les sentences des iuges à sa volonté, char-
mez de la douceur de ses belles paroles?
Toutesfois aussi tost qu'il voyoit Pho-
cion, il se trouuoit fort estonné, & crai-
gnoit celuy-là seul : aussi l'appelloit-il
la coignee de ses oraisons. Ciceron estoit appellé Roy à Rome, pource qu'il
manioit la Republique auec le frein de
son eloquence. Les Lacedemoniens chas-
serent Cresiphon, à cause qu'il s'estoit
vanté, en vne assemblee de pouuoir dis-
courir vn iour entier sur tel suiet qu'on
eust voulu : car il n'auoit chose qui leur
fust plus odieuse que cet artifice & curieux arangemẽt de parole, detestant ordi-

nairement ceux qui auec leurs langues
emmiellees menoient les hommes atta-
chez par les oreilles. Par ces raifons il
appert donc que la Republique n'eft
autre chofe (comme ie vous ay predit)
qu'vn artifice de perfuader & bien mentir, propre a conduire les affections, ra-
uiflant les efprits parvne fubtile maniere
de parler, langage fardé & frauduleufe
verifimilitude. Bref cet art fortifie beaucoup le menfonge, l'vn ne pouuant fub-
fifter fans l'autre. Car pour eftre parfait
menteur, il faut eftre bon Rethoricien:
Et fe doit l'homme pluftoft munir de
paroles propres qu'elegantes : & fuiuant
la proprieté des chofes, & non l'orne-
ment du langage faire paroiftre la verité
pure & entiere. Elle eft fimple, mais viue, & tient fon principal fiege au cœur.
Seruons nous donc du benefice de la
nature laquelle nous enfeigne à expri-
mer nos conceptions d'vn langage naif,
& embraffant la verité, en toutes nos
actions fuyons le menfonge. Puis que
mefmes il appert par l'exemple de nos
premiers parens que ç'a efté le menfonge

qui a ouuert la porte par laquelle sont
entrez tous les mal-heurs au monde.
Courage, il me semble que ie voy desia
le mensonge qui chancelle, & vaincu
mandier le secours de la Rethorique:
Mais c'est vn foible bouclier Car la verité toute nue, & desarmee leur fait donner à tous deux du nez en terre, & les
estouffe soubs la pesanteur de leurs ar-
meures. Que me reste-il donc plus auiourd'huy sinon vne fauorable reconci-
liation auec ceux qui m'ont serui de matiere pour fabriquer le mensonge. Il me
sēble que ie voy desia les Chefs de guerre qui fourbissent leurs espees pour me
decoupper à grandes taillades, & à droit
fil. Les Financiers & Thresoriers sans
doute me retiendront mes gages si au-
cuns me sont deubs. Les Iuges ordonne-
ront qu'il sera passé outre nonobstant
l'appel. Les Aduocats & les Procureurs
s'entendans auec ma partie aduerse me
laisseront tomber en deffaut. Les Medecins au lieu d'vne simple saignee, me
ordonnerōt vne diette d'vn mois à beau
gayac & Salsepareille. Les Apoticai-

G iiii

res au lieu de la Siringue me donneront
d'vn fer chaud dans le cul. Les Maquereaux ferõt abaiſſer le ventre à ma bour-
ce: Les Amoureux coniurerõt leurs maiſtreſſes de me verſer tous les iours vn
pot a piſſer ſur la teſte en paſſant deuant
leurs portes. Les courtiſans me donneront de l'eau beniſte de cour ? Les Chirurgiens feront la guerre à mes parties
caſuelles, bref ie cours fortune d'eſtre
faiΩ courtaut. Pour a quoy obuier, ie
paſſe ſentence pure & ſimple, par laquelle ie confeſſe ingenuement que te-
merairement & contre tout droiΩ, ie
ie ſuis aydé de leurs qualitez & actions
pour auΩoriſer le menſonge: Et qu'em-
porté de paſſion pour auoir eſté autrefois mal traiΩé en amour, i'ay faiΩ la
guerre à ſes ſubiets, pour reparation dequoy & pour y auoir eſté particulierement offencez, ie me condamne moy
meſme de cœur & d'ame, a porter tous
les iours, ou tous les ſoirs, il ne m'en
chault, le flambeau ardant deuant leurs
maiſtreſſes, lors qu'elles iront ſacrifier
au ſommeil, ce fait l'eſt édre ſelon l'exi-

gence du cas, & pour le surplus ie supplie le equitables Cenſeurs de trouuer
bon que les parties ſoyent miſes hors de
cours & de procez attendu la qualité de
la matiere.

Chanſon nouuelle, Sur le chant, dy moy,
dy moy mignonne.

Dedans noſtre vilage,
Vne fille y auoit:
Qui pour ſon pucelage,
Sans ceſſe s'eſcrioit,
　Helas helas ma mere
　Venez à mon ſecours
　Ce garçon temeraire
　M'importune touſiours.
　Martin auec Charlotte,
Sont enſemble tous nuds:
Se chatouillant la motte,
Du *Quoniam bonus*
　　Helas helas ma mere, &c.
　Ma belle ſe repoſe,
A l'ombre du buiſſon:
Moy i'embroche ſon choſe

De mon roide poinçon,
    Helas helas ma mere, &c.
  Moy le teton ie touche,
Ambraſſez bras à bras:
Quand collez bouche a bouche,
Elle crie tout bas,
    Helas helas ma mere, & c.
  Laiſſez moy en franchiſe,
Et oſtez voſtre main :
Vous gaſtez ma chemiſe,
Vous n'eſtes qu'vn vilain,
    Helas helas ma mere,
    Venez en mon ſecours
    Ce garçon temeraire
    M'importune touſiours.

Conclufion.

  Sus donc que l'on nous baiſe
Puis que faire le faut
Iouyſſant de noſtre aiſe
Sans s'eſcrier ſi haut,
    Helas helas ma mare
    Venez en mon ſecours
    Ce garçon temeraire
    M'importune touſiours.

Prologue X.

A Fable d'Esope me semble de fort bône grace quand elle fait vne disgressiō sur deux pots, dōt l'vn estoit de fer, & l'autre de terre. Monsieur le pot de terre ayāt vn voyage à faire en vn pays qui n'a point de nom est incontinét accosté de Monsieur le pot de fer: lequel lui ayant fait vne profonde & basse reuerence à trois pieds, & osté son couuercle en forme de bonnet, auec toute ceremonie, n'oublie rien de tout ce qui estoit requis pour paruenir à vne association. Et de faict le supplie d'auoir aggreable que leur traffic & commerce fust esgalement partagé entre eux. A quoy Monsieur le pot de terre respond en toute humilité. Ah! Monsieur mon amy, *pares cum paribus*. Ie suis vn paure compagnon, qui n'ay brebis, pigeon, n'oyson, & par consequent, indigne de vostre alliance pour auoir

les reins trop foibles.   Vous, dy ie, qui
eſtes gros bourgeois de cuiſine , & moy
ſimple Officier , tous les iours ſubiect à
caſsation, vous ſuppliant de trouuerbon
que ie tienne quartier à part ſans me ca-
reſser ou approcher de plus pres : car
la moindre de vos accolades ſeroit capable de m'eſtroppier de tous mes membres. Ce qui cauſeroit ma totalle ruine. Prudence admirable , & digne d'a-
uoir l'exemple que ie vay mettre ſur le
tapis pour fidelle interprete , à fin de
deſcouurir ce qui eſt caché ſoubs ceſte
eſcorce fabuleuſe. Or diſons donc quelque choſe ſur ce ſubiect . Tous les ſages
tant anciés que modernes penetrans iuſques au fin fond de la Philoſophie mo-
ralle, entortillent & enueloppent dans
l'arriere boutique de la viuacité de leur
intellect vne ſi grande quantité de queſ
tions quotlibaires , que ie me ſens tout
conſtipé en la contemplation d'icelle, &
ne ſe faut pas eſtonner ſi en ceſtepereni-
gration mortelle on faict moins d'eſtat
d'vn cerueau bien cultiué & affiné que
d'vne infinité de petits paſseuollans &

salutalibenter , goderonnez, damaſquinez
& profilez en haute couleur, leſquels me
font ſouuenir de ces petits hommes de
plomb qui le marteau en la main ne ſeruent au haut d'vn clocher qu'à nous apprendre qu'elle heure il eſt : Et qui pour
auoir ſeulement amadigualiſé ſur vne
chaire percee croyent leur Rethorique imprenable & inexpugnable, bien
qu'ils ne ſçachent rendre raiſon de leur
diſcours non plus qu'vn perroquet appris en cage, ou vn oiſon de la rotiſ-
ſerie. A ce propos ie mettrai vn exemple ſur le bureau en attendant que Ioſias
ſera botté & eſperonné pour apporter
en poſte ſur le traquenart de ſes bri-
colles à rubriques ſallees & deſſallees
fricaſſees, eſtuuees, bouillies & roſties,
quelque pacquet, l'hiſtoire duquel vous
chatouillans l'oreille gauche, vous face monſtrer toutes vos dents à force de
rire , ſans toucher à celles de vos
voiſins. Hola donc fermez le cul &
ouurez les oreilles, & ſçachez que i'ay
auiourd'huy traicté en forme probante
& authentique vn Eſcolier de la my-Ca-

refme auffi ambicieux de louange q̃ d'ar
gent. Apres plufieurs Ripoftes & coups
fourrez tirez de part & d'autre, & fur la
crife & cataftrophe de la refectiõ: ie lui ai
degainé quelques argumens faupoudrez
fçachant qu'en vne afemblee où il eftoit
tout feul, il s'eftoit vâté qu'il en fçauoit
vne trainee de neuf poulces de long, &
autant de large. Et m'eftant apperceu par
la fentinelle de mes yeux que i'auois mis
en embufcade fous mon bonnet, qu'a-
tentif il me guignoit & efpioit auec vn
foufris entr'ouuert cõpofé de quelques
vieilles dents rouillez, ie lui dis, non, non
Magifter nofter noftrande, il n'en ira pas ainfi
vous defployerez voftre Rethorique ta-
piffee, autrement & a faute de ce, ie vous
bannirai cathegoriquement à la cuifine,
pour au nom de la cheminee, chambriere, fouillons & marmittons, chenets &
efpincettes, deffendre les pots & mar-
mittes des alarmes, afauts, & entrepri-
fes des pattes veluës. Lors fe voyant fi
furieufement attaqué, & pour colorer
fon impertinëce, il m'a prefenté cinq ou
fix tranches de *tipto*: & pour afaifonner

son *tipto*, dont peut estre il auoit ouy par
ler en quelque College, à la porte duquel
il auoit faict le cours de son apprentissa-
ge de preneur de Loup, & guetteur de
Taupes, il adiousta quelques mots, dont
il auoit faict prouision, à sçauoir *Domi-*
nous, magnous, & autres prononciations
transiluaines & de haut goust, m'œilla-
dant en ce faisant, comme s'il eust voulu dire: Et bien frere, qu'en dites vous?
ay ie esté? en suis ie? en ay ie à reuendre?
Toutesfois ne se ressouuenant que le
bon menteur doit estre riche en memoire, il luy a eschappé de dire *magnus &*
stultus. Ce que voyant, & recognoissant
l'ignorance à claire voye de ce *Magister*
bemus, ie luy ay forgé sur le champ vn
baragouyn, que ie luy ay asseuré estre
du plus fin & delié Grec, qui fut en toute l'Vniuersité de Gentilly, excepté le
chasteau Bissexte, & où Homere *cum*
sociis suis auoit sué sang & eau, *& ibi Bar-*
tholus, priant ceste pecore (ainsi l'appel-
leray ie pendant qu'il n'y est pas) d'en
dire son aduis. Mais le pauure diable
est demeuré tout court, si tant est qu'il

y en ait de pauures : comme on tient
qu'au Royaume de Suede, il y en a qui
pour viuoter & gaigner partie de leur
vie font contrains de tenir hoftellerie,
traitants & nourriffants les paffants de
noifes & debats. Et cognoiffant bien
qu'il auoit le ceruean embeguiné de la
maladie & Philofophie de fainct Ma-
thurin, ie luy ay confeillé d'y faire vn
voyage. Nous n'en vinfmes pas pourtât
aux mains , à caufe du peu d'enuie qu'il
auoit de fe battre & moy auffi, ains a-
uons reffemblé les Procureurs de village, la paffion & alteration imaginaire
defquels femble en plein Barreau faire
monter leur propos d'efchelon en efchelon, de degré en degré , iufqu'au fiege de la cholere : Mais bien qu'ils fem-
blent y eftre embourbez & plongez iufques aux oreilles, ils n'y entrent pas feu-
lement iufques a la cheuille afin de s'en
pouuoir retirer , *& certare folent & fimul*
cernare patroni , vous voyez auffi le plus
fouuent en recompenfe de ce deuoir
& affection en peinture , le pauure
Client tout paffionné de l'Amour qu'il

porte

porte a l'eloquence de son Orateur, s'ap
procher de luy , & luy faire vne sesqui-
pedale & fort bien mortifiée reuerence , se tenant droit comme vn ionc:
puis ayant la teste aduancée, & le cul
à deux lieues loin à la monachale, poser
en toute fraternité vne once de fine
graine de fougere , poids de marc en l'escarcelle de son deffenseur & combattant
en laquelle il faut tousiours mettre
quelque chose , comme au loup de la
iambe de Marbandus , pour participer
aux suffrages du personnage. Ie puis ce
me semble assez à propos comparer partie aduerse à ces asnes a courtes oreilles , lesquels se curans les dents auec
vne demy pique , & ne respondant
que par gestes, engloutissent ordinairement par telle sourcilleuse taciturnité
toutes les prerogatiues atribuez aux gês
de bien & de sçauoir : Car si on examine
le fond de telle semence Arcadique, l'on
n'y trouuera non plus que les Egyptiens
en leur Idole Isis qui fut vn gros chat
gras, en bon poinct, & apposté par les
agens de ceste belle Diablesse. Tant y a.

que mon Docteur en platte peinture a
perdu ſa cauſe à triple eſtage, & pour s'e
ſtre trouué ſans replique demeure for-
clos eternellement: Il ſembloit pourtãt
quelque fois en ruminant ſoubz ſon bon
net, qu'il minutaſt quelque choſe de
haut appareil pour la defféce de ſa cauſe:
mais ie me doute bien que la force & ve-
hemence de mes diſcours qui le recom-
mandoient à vne hottee de Diables en
chair & en os, luy cadenaçoit la langue.
Que vous diray-ie dauantage? Il s'eſt re-
tiré tout coleré, proteſtant toutes les
Hierarchies de ne plus boire auec moy:
Non de l'eau, luy, diſ ie alors, mais par
le bauldrier d'Achille, s'il s'y preſente
vne autrefois, au cas queie ne le mete les
quatre piedscontre mont marché nul: ie
cognois le parroiſſien, qui pour ſon vin
de coucher, entonne aſſez volontiers vn
pot de vin, meſure de ſainct Denis, ſe
coiffant de cela comme d'vn bonnet de
nuict, ſans autre decret, authorité, n'y
conuocation d'eſtat : bref, c'eſt vn homme qui n'a pas le nez decouppé cõme la
brayette d'vn Suiſſe, & lequel apprẽdra

dorefnauãr à ne s'ataquer qu'a fon fem-
blable. Vne fienne amie fçachant l'hi-
ftoire en fut fort irritee. Mais apres plufieurs côteftations & debats & luy auoir
dit quelques mots fubftãtiaux en l'oreille, il s'acorda auec elle par le moyen d'v-
ne tranfactiõ qu'il porte au fonds de fes
chaufses. Luy voyant ainfi chucheter à
l'oreille, ie penfay en ma memoire ce que
i'auois appris de Balde, qui dit: *Scolafticus
loquens cum puella non prefumitur dicere Pater
nofter.* Mais il eft à craindre qu'ayant perdu le bandage de fon arbaleftre pour en
tirer plus fouuent, la fuppliante n'argue
en fin fon impuiffance, comme vne certaine féme de cefte ville, laquelle voyãt
fon mary vn peu trop long au faict de
l'incarnation, luy dict par gabois , que
gaignez-vous de tant fonner les cloches
puis que les parroiffiens n'ont pas enuie de venir ? Pour conclufion ie fou-
ftiens à bafse notte, que la plus grande
finefse qu'il y ait en ce monde, eft de parler fon patois, aller rondement en befon-
gne , & imitãt la fable du pot de terre, ne
fe prendre à fon maiftre , eftre ioyeux &

H ii

&c non troublé, & auoir le ſein ouuert à
boutons à queuë comme on les porte au
iourd'huy , à fin de faire voir à l'œil les
penſees, proiects, & fantaſies, qui ſe re-
muent au fonds d'iceluy , dont ſont en-
gédrees ces actions, comme dit Lucian,
de tirer ſes mouſtaches , choquer ſes
déts a vuide, mordre ſes leures, & ſaluer
bien bas d'vne façon ioyeuſe & comi-
que, grauant en l'ame infinis portraicts
de trahiſon & meſchanceté. I'allegueray
à ce ſubiect pour abreger ce diſcours la
deuiſe de Paracelle, qui dit *alterius non ſit
qui ſuus eſſe poieſt.*

---

*Chanſon nouuelle , Sur le chant, ſus ne
puis-ie changer d'Amant.*

Qvi veut viure ioyeuſement,
Loing de toute cautelle,
Qu'il prenne ſon contentement,
A vuider la bouteille,
  Sus compagnons beuuons d'autant
  Car la vendange eſt belle.
Ie vous pri' fuyons promptement,

Ces beuueurs sans ceruelle:
Qui prennent leur contentement,
A la biere nouuelle,
    Sus compagnons beuuons, &c.
Les brasseurs ont du changement,
En leur ruse & cautelle:
Car on ne boira nullement,
De leur boisson cruelle,
    Sus compagnons beuuons, &c.
Sus biberons allons chantant,
Viue viue la treille,
Qui nous produit ce ius coullant,
Dont nostre esprit s'éueille,
    Sus compagnons beuuons, &c.
Si le vin estoit de l'argent,
Ou qu'il eust sçaueur telle:
Ie changerois bien vistement,
Mon ventre en escarcelle,
    Sus compagnons beuuons, &c.
      Conclusion.
O doux nectar qui tellement,
Nostre force resueille:
Tombe du vouté firmament,
D'abondance pareille,
    Sus compagnons beuuons d'autant
    Car la vendange est belle.

Prologue XI.

E diuin Platõ me semble a-
uoir la meilleure raiſõ de ceſte ville , quãd il dit dans vn
liure qu'il a autrefois eu enuie de compoſer ſur les Ele-
gãces de Valẽtin & Orſon, que l'homme
n'eſt pas nay pour planter des choux ſur
les aiſles d'vn moulin à vẽt: mais pour vne
infinité d'autres genereuſe actions, comme de ſçauoir donner de bonne grace
vne eſtocade franche dans le pourpoint
d'vn fromage mol, & vn coup de mouſ-
quet ſans fourchette dans le ſixiéme
bouton de l'air, *ſine ſanguinis effuſione* : Il a
auſſi quelque petit coing de bien-ſcean-
ce, quand il veut prouuer par vne Bi-
bliotheque d'allegories qu'il y a beaucoup de difference entre vne hallebarde,
& vne botte de foin, à cauſe que les ma-
ladies ne ſeront iamais tant requiſes que
la ſanté. Ceſte comparaiſon s'eſt aduan-
cee la premiere, ce n'eſt pas que ie n'en

aye plusieurs autres. Mais en toutes cho
ses les premiers vont deuant. C'est à pro
pos de la liberalité laquelle m'a rendu si
curieux que i'ay fueilleté les archimes
plus secrets & cachez de ce monde, que
dis-ie i'ay esté plus de cinq cês lieues par
de là, & à force de courir la poste dãs vne
barque de papier blanc a 18. deniers la
main, tiree par des Irrondelles du pays de
delà, ie suis paruenu, aydé des talõniers
de Mercure, iusqu'à la chaire percee de
Saturne, ou m'estant assis sans leuer le
cul de dessus la selle, l'espace de deux
bonnes heures Espagnolles pour auoir
par les chemins plus humé de vent que
de noix confites: i'ay faict en vn mot
musique petillante & esclattante cõme
vn cornet à boucquin, l'armonie de laquelle donnoit plustost au nez qu'aux o-
reilles: Bref il ny a coing, recoing boutique, n'y arriere boutique que ie n'aye
perlustré pour auoir l'intelligence d'vn
secret que i'ay aporté par la ver tu duquel
ie puis metamorphoser ses architaquins
qui ne se dépouillerõt de leur vieille peau
en diuerses sortes sãs mesmes en exépter

ceux qui ne ſçachans à quoy paſſer leur
temps, s'amuſent à lier leurs bources de
tant de neuds que le gordian n'eſt pas
plus indiſſoluble. Tellement que le tre-
ſorier de nos menus plaiſirs ne ſera quelquesfois payé *in manica mea*: à la porte que
d'vn branſlement de teſte meſlé d'vne
grauité morfondue dans le cabinet de
l'Auarice, laquelle les maſquant d'vne
honneſteté imaginaire les conduit à bride abatue, iuſques à noſtre theatre pour
triompher de noſtre labeur & s'y reſ-
iouir à nos deſpens: Il eſt vray qu'ils
nous font l'honneur de nous regarder,
Quelque ignorant ignorantiſſime filant
ſa mouſtache gauche, & iettant non-
challamment les yeux ſur ce pauure
Cerbere ou Ianitor luy fera ſigne des
doigts que ſa qualité le faict paſſer ſans
flux. Vn autre vn peu plus courtiſan pa-
yera d'vn, mon amy tu me prend ſans
vert, iete contêteray à la premiere veue
mais ce petit credit luy deffend l'en-
trée pour le iour ſuyuant, ſi d'auenture
quelque autre n'embraſſent la recepte,
car en ce cas ſa taquinerie luy permet
d'y al-

d'y aller , à la charge de payer cestuy-
cy de mesme monnoye que le prece-
dant. Vn autre demandera la monnoye
d'vne reuerence claustrale qu'il fera en
passant : bref, c'est proprement emplir
nos bources de vent. Ie ne sçay dequoy
on doit entretenir ces gens là qui nous
font l'honneur de nous emplir le parter-
re de nostre salle : Ie proteste à tours de
bras qu'ils meritēt recompense, & qu'il
est raisonnable qu'ils soient traictez selon leur merite. Il me semble que ie voy
desia Pluton qui se dispose à leur enuoyer la moëlle de l'Hidre , l'arbre du
Tage, les fruicts d'Heraclee, on leur rap-
portera vn plat de l'escume de Cerbe-
rus, plus vne poignee de menuëspensees
destrampees auec vn baston a 2. bouts,
pour leur gresler les espaulles. Si d'auanture quelque Raminagrobis vouloit ap-
prouuer la maniere de viure de telles
gens Ie respondray auec vn mouuement
alternatif, que *vna hirundo non facit ver.*
Bien que ceux qui louent ceste confrairie soient rares comme corbeaux blancs :
Et ne leur sert de rien d'alleguer l'exem-

ple de Diogenes qui habitoit dans vn
tonneau, Pithagoras qui ne mangeoit
que des petits choux, ny celuy d'Epicure qui ne mangeoit qu'vne ſouppe car ie
vous reſponds , pour ce qui concerne
Diogenes que c'eſt vne pure impoſture,
veu qu'il aymoit trop la volupté. Pour le
regard des petits choux de Pithagoras,
ie m'en rapporte à ceux qui ont eſté à
Naples , & qui ont ſauouré & gouſté
de petits choux qui s'y vendent : C'e-
ſtoit de ceux-là dont il repaiſſoit ſa
preud'hommie. Quoy? penſez vous que
la ſouppe d'Epicure fuſt choſe de neant?
ne ſçauez vous pas que dans vne ſouppe on peut faire entrer vne infinité de
viandes delicieuſe : En effect l'auaricieux auec toute ſon eſpargne eſt touſiours comme vn pauure mandiant, *ſemper
auarus eget.* Repreſentez vous le Meſ-
quin eſtre vn pallais villain, puant &
mal hiſtorié, où l'on n'entét que le miol-
lement des chats, ou la muſique de quelque vieil aſne esborgné qui aura plus de
coups de baſtons que de grains d'auoi-
ne. N'y auroit-il pas bien plus de con-

tentement de voir ce palais doré de belles tapisseries, & principallemét muſtré
de deſpences & cuiſines delicieuſes, les
caues bien remplies de bons cheuaux à
l'eſcurie. Et la Nymphe au bout de la
carriere pour exciter l'apetit: Quel contentement pour l'eſprit : quelle recrea-
tion pour la veue, quelle melodie pour
les oreilles : quel gouſt pour le palais,
quel parfum pour le nez, & quelle deli-
caeſſe au toucher, *& vt dicitur dulcis in*
toto, Si bien que ie conclus en groſſe lettres & à baſtons rompus que la liberalité eſt la vraye fille de nobleſſe , comme
eſtant deſcendue de tige Royal & de la
ſemence legitime de la nature, & qu'elle
doit par conſequent tenir ſon rang & ſa
grandeur, ainſi que ſa mere nourrice luy
a promis , & l'a rendue encline à cela,
nam à boue maiori diſcit arare minor, &c

Autre chanſon, ſur le chant, quand
les coquins danſent.

D'Vne ieune fille,
l'ayme le printemps:

Quand elle eſt agille,
En ces mouuements,
   Chantons comme drolles
   Tout ſert icy bas,
   Fuſſent des piſtolles
   Ou double ducats.
  Des moutons la lene,
Sert de veſtement:
La chair ſouueraine,
Nous ſert d'aliment,
    Chantons comme drolles , &c.
  Des plus fines toilles.
Couurons noſtre dos,
On en fait des voilles,
Pour les matelots,
    Chantons comme drolles, &c.
  Croyez qu'vn vieux Singe,
Sett à folier,
Et noſtre vieux linge,
Pour faire papier,
    Chantons comme drolles, &c.
  Ce que ie fiante,
C'eſt pour vn pourceau,
Du lart ie me vante,
D'en remplir ma peau,
    Chantons comme drolles, &c.

Tout sert icy bas
Fussent des pistolles
Ou doubles ducats.

Conclusion.

Pour nostre lumiere,
Le flambeau des cieux :
Et nostre paupiere
Pour siller nos yeux,
   Chantons comme drolles
   Tout sert icy bas
   Fussent des pistolles
   Ou doubles ducats.

Prologue XII.

LE propre des Cantarides est de succer le vermeil de la rose, & la conuertir en venin. Ie croy que beaucoup de nos spectateurs n'en font pas moins, car le plus souuent ils semblent rechercher eux mesmes les subiects propres a se former vn mescontentement Mais à propos, vous voyant

tantoſt arriuer icy , les vns accouplez
comme chiens courans (ſauf vne grande
reuerence que ie m'en vois vous faire en
Perigourdin) les autres trois a trois
comme valets de feſtes, & les autres a la
confuſion comme les fraizes que l'on
porte auiourd'huy : Ie ruminois en moy·
meſme , & diſois : Quelle opinion au-
ray ie de ce ſiecle, ſinon que les perſonnages qui paroiſſent auiourd'huy ſur ce
grand Theatre du monde , ſont inſtru-
mens hiſtoriez comme ceux du premier
aage ? Puis tout à coup ie diſois, ouy :
Mais qui liroit au dedans on trouueroit d'eſtrãges Metamorphoſes. Ce fait,
& comme ie cherchois les occaſions de
tromper l'oiſiueté , i'en ay deſcouuert
vn : lequel appuyé contre la muraille,
ſe curoit les dents auec vn brin de fine
paille nouuelle, pour oſter les os qui s'y
eſtoient arreſtez en mangeant vn carte-
rõ de beurre. Quelques -vns de peur des
auiues ſe pourmenoient à graues eniam-
bees, les autres ſe friſoiët le paué· Vn autre ſe ſentant comme ie doute , impor-
tuné de quelques miſtoudins qui dan-

çoient les canaris sur ses espaules, faisāt
semblant de ne les cognoistre point,
s'ayda de la muraille pour les frotter
tout de bõ, & leur faire peur en attendāt
qu'il leur feroit vne autre escarmouche
à pourpoinct despouillé, sans preiudice,
toutesfois de leurs droicts de bourgeoi-
sie. I'en ay veu vn autre qui leuant la
cuisse gauche laissoit à mon opinion
couler en ligne directe vn doux zephir
dans la concauité de ses chausses, sans
auoir esgard à l'humanité du temps qui
n'engendroit aucune alteration à la com
pagnie : Vn autre s'appuyant contre les
galleries & rouillant les yeux comme vn
constipé sur la chaire percee, se maniant
& dodelinant les parties ombrageuses &
farrouches, tesmoignoit qu'il auoit esté
trompé en courant bague naturelle, &
qu'au lieu d'vn genet d'Espgne on luy
auoit donné vn ieune bidet, si fort en
bouche qu'il ne le pouuoit dompter. Or
comme ie prenois vn singulier plaisir à la
diuersité de toutes ces actions, i'ay veu
deux ou trois escornifleurs d'honneur
qui en contoient depuis le Mardy gras.

iuſqu'au l'endemain, l'vn demandant,
Quelle heure eſt-il? Commenceront-ils
bien toſt? A voſtre aduis, que repreſen-
tent-ils auiourd'huy ? Font ils bien?
Quelles gens ſont ce? Combien ſont.ils?
Sur ces queſtions de haut gouſt vn de la
troupe Docteur en taille douce, pour
le moins dreſſant les oreilles comme vn
Roſſignol d'Arcadie, s'auance ſur le pied
gauche pour en dire ſa raſtelee, & voyant que ce badin ſans farine, pour aſ-
ſaiſonner vn demy ris fourchu, enue-
loppé dans ſes mouſtaches à fourchet-
tes & toutes baueuſes, auoit deſcouert
cinq ou ſix paires de dents liſſees & bien
aiguiſees, i'ay dit alors en moy meſme, ô
Dieu ſi ce perſonnage demeure encore
ſeulemét vn an dans Paris, il taillera bien
de la beſongne aux paſticiers s'il eſt fourny, & croy que la ſeulle preſence d'vn
tel raſtelier eſt capable de faire trembler
toutes les roſtiſſeries, & ayant craché
à quartier d'vn accent poinctu & faict
quelques grimaces alternatiues, il mon-
ſtra bien qu'il vouloit iuger de noſtre
eau dans vn coquemart de cuir bouil.

ly. Et de faict fabriquant quelques difcours aux defpens de noftre reputation,
dit aux autres: Voulez vous que ie vous
die, Meffieurs , ma foy ils ne font rien
qui vaille. Il me fouuiët (difoit ce magazin de fottife) d'vn Singe qui eftoit en
noftre village, mais c'eftoit bien autre
chofe, & fi on ne prenoit que deux liars.
Quoy ? difoit-il , en groffiffant fa voix,
ceux qui le menoyent emporterent plus
de quatre francs, tous fraits faicts , fans
comprendre les bonnes graces du peuple. Vn autre vn peu plus fpirituel &
graue en fes cenfures, fouftenoit à platte coufture qu'en noftre Academie il y
auoit d'affez iollis garçons, & lors nous
enfilant les vns apres les autres côme pa-
tenoftres, dit : Quant à moy, ie trouue
qu'vn tel faict affez bien, il eft impropre
& dédaigneux, ceftuy-cy reffemble a vn
vallet de carreau , & eft toute d'vne venue, comme la iambe d'vn chien, c'eft au
tre ne manque non plus de taille que de
façon, mais les fautes lui font familieres.
Ceft autre icy ne fe deuoit môftrer qu'au
Royaume des aueugles , ceftuy-cy eft fi

rabarbaty qu'il faudroit vne hottee de
piſtoles pour le faire rire. Ceſt autre ſi
froid qu'il faudroit vn boiſſeau de cantarides pour l'eſchauffer : bref, la perfection meſme s'y trouueroit pincee ſans
rire. Pour moy ie pardonne de bon cœur
à leur ignoráce, vous aſſeurant auec to⁹
les Philoſophes de la place aux véaux,
que le plus ſouuerain dictame qu'on
pourroit choiſir pour guarir ces balour-
des de telles frenaiſie ſeroit vn an de gar-
niſon au petit ou grand Chaſtelet, m'aſſeurant que l'auſterité des lieux les con-
traindroit, faute d'autre exercice, de
mettre le nez dans vne infinité de bons
autheurs qui les pourroient tirer auec le
temps du dedale où leur ignorance les
fait entrer. Au reſte noſtre farce ne ſera
nullement tragique, & eſt à mon aduis
complotee ſur quelque iolly ſubiect, les
perſonnages d'icelles ſeront habillez de
pieds & de mains, & diront choſes qui
aprocherõt de la matiere qui y ſera trai-
ctee : Nicodeme qui en eſt le chef n'en
daigneroit changer d'habits, craignant
ſeulement d'eſtre hauſſé à la taille.

MOn aage ſe conſommant
I'ay hanté gens à ma guiſe
Pour trop leuer la chemiſe
I'ay gaſté mon inſtrument,
   Faut-il pour vn coup de feſſe
   Endurer tant de detreſſe.
  Et moy marchant de cheuaux
Qui fais tout a l'auanture
Dans le logis de nature
I'ay gaigné tous mes trauaux,
    Faut-il pour vn coup, &c.
  Moy pour ſçauoir bien iouer
Le branſle de la croupiere
A claque-dent ou bauiere
Il me faut faire ſuer,
    Faut-il pour vn coup, &c.
  Les deſtins ont arreſté
Que moy qui ſuis vn bon drolle
Ie mourray de la verolle
Au printemps ou en eſté,
    Faut-il pour vn coup, &c.

Et moy d'vn seul petit coup
I'ay gagné la chaude pisse
Et du doigt dequoy ie pisse,
On m'en a couppé le bout,
    Faut-il pour vn coup, &c.

Conclusion.

Fuyons doncques promptement
Tout acte de paillardise
Car vn peu de flame esprise
Ruyne vn beau bastiment,
    Faut-il pour vn coup de fesse
    Receuoir tant de detresse.

Prologue XIII.

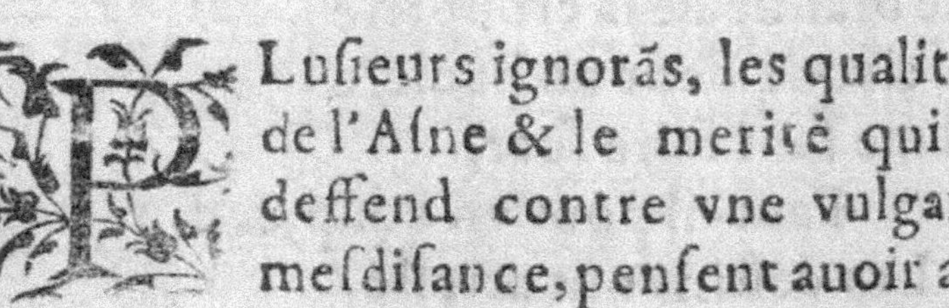

PLusieurs ignorãs, les qualitez de l'Asne & le merite qui le deffend contre vne vulgaire mesdisance, pensent auoir arraché vne esguillette de l'honneur d'vn homme quãd ils lont coiffé de ceste qualité Asinesque. Ne cõsiderans pas que cet animal pour les misterieux secrets qu'il

porte quãt & soi a ie ne sçai quelle marque (ie ne dirai pas d'humanité) mais qui
participe aucunement de la raison. Ie dis
ceci pour seruir d'instruction à ceux qui
portans sur le front de l'ignorance escri-
te en grosse lettre: semblent vrayement
tirer ceste espece d'iniure de la bouche
de ceux qui les surpassent, non seulemét
en l'intelligence des affaires du monde.
Mais aussi en la cognoissance des bõnes
lettres: Estant certain que tout le môde
ne se chausse pas a vn mesme poinct, &
que ce seroit vne loy par trop inique &
seuere s'il falloit bannir d'vne Republique, ceux qui n'ont la lãgue propre qu'à
publier leur impertinence & qui ne pos-
sedent autre benefice que celuy de la nature : Car de penser tirer de la doctrine
d'vn esprit qui n'a iamais esté cultiué, ce
seroit comme si l'on vouloit tirer la sciẽ-
ce de l'ignorance de Sorates, la lumiere
des tenebres d'Anaxagoras : la prudence
de la folie d'Empedocles, la verité du puy
le Democrite : la pieté du tonneau de
Diogenes, d'Aristote & d'Auerrois impi-
teux & infidelles, la vraye sapience ou la

foy dela ſuperſtition Platonique , à voſtre aduis ne ſeroit-ce pas errer & ſe
tromper lourdement ? Mais retournons
vn peu à nos pauures aſnes, pourquoy ie
vous prie feroit-on ſi ſouuent reſonner
ce nom d'aſne à courte oreille , ſi ce n'e-
ſtoit à cauſe de la grande ſimpathie qui
ſe trouue entre les courtes & les lõgues?
Vrayemẽt i'en prendrois volontiers l'ad
uis de ceſte honorable compagnie. Toutefois, Meſsieurs, ce ſeroit en ce casvous
rendre iuges & parties, ayãt auiourd'hui
à ſouſtenir ces pauures eſtropiez de cerueau contre tant de braues Cicerons qui
ſont icy , la doctrine deſquels ne leur
pourra à mon aduis permettre de fauori
ſer le party que ie veux embraſſer tant
pour eſleuer le merite de l'aſne que pour
apporter du ſoulagement & de la con-
ſolation à ceux qui en portent les mar-
ques interieures En premier lieu les Do
cteurs Hebrieux ont figuré par ceſt animal vne grande force & vne grande patience, les mœurs & conditions de l'aſne
ſont fort louables, il vid premieremẽt de
petite paſture & ſe contente de toute

mangeaille qu'on luy presente, supporte
tres patiemment la faim, & les coups de
bastons luy sont familiers cõme aux sco
lastiques, les Epistres de Ciceron. Il est
simple d'esprit, ennemy de la delicatesse,
& qu'ainsi ne soit vous voyez que toute
pasture luy est indifferente, & qu'a peine
peut il discerner les laictuës d'auec les
chardons, il n'a guerre n'y discorde auec
animal quelcõque, & suporte esgallemét
toutes charges qu'õ luy veut mettre sur
le dos, en recompéce dequoy il est exẽpt
de poux, de gratelle, & vid plus longtẽps
que tous les autres auimaux. Toute me-
stairie & maison rustique a besoin d'vn
asne comme d'vn instrument ou meuble
necessaire. L'asne aussi a quelque iugement ou faculté diuinatrice au rapport
mesme de Valere parlant de Caius Marius, lequel ayant dompté le Midy & le
Septentrion, en fin estãt declaré ennemi
de sa patrie & persecuté par Scilla, il es-
chappa le dãger dont il estoit menacé par
l'aduertissemét qu'il prit d'vn asne, lequel
par ce moyẽ fut autheur de sa fuite & de
son salut. Nous lisons plusieurs miracles

de diuers animaux. Plutarque rapporte
qu'vn Elephant eſcriuoit les caracteres
Grecs, & que celuy-là meſme deuint a-
mouxeux d'vne fille de la ville de Stepha-
nopolis, & fut corriual d'Ariſtophanes
le Grammairien. Le meſme Autheur rapporte qu'vn dragon aymoit vne filleEto-
lienne. Nous liſons auſsi és œuures de
Pline qu'vn Aſpic auoit accouſtumé de
venir tous les iours à la table d'vn certain hôme, & qui s'eſtant vn iour apperceu que l'vn de ſes petits aſpideauxauoit
t ué l'vn de ſes enfans de ſon oſte, il le fit
mouririndigné de l'iniure qu'il auoit faicte à celui qui les recueilloit ſi familiai-
rement en ſa maiſon, & depuis n'y oſa
plus retourner. Ie paſſe ſoubs ſiléce: Les
miracles des Dauphins, & l'humble re-
cognoiſſance des Lyons enuers ceux qui
leur auoiét bien fait. Ie me tais de l'ourſe
Calabroiſe & du bœuf Tarentin appri-
uoiſez par Pithagoras. Mais ce qui paſſe
toutes ces merueilles. eſt l'Aſne que nous
liſons auoir eſté auditeur & condiſciple
auec Origene & Porphire. L'Aſne dis-ie
d'vn certainPropbete vid le meſſagerce-

leſte

leſte que ſon maiſtre n'auoit peu voir
pour monſtrer que bien ſouuent vn ſimple & groſſier void les choſes qui ne peu
uét eſtre veuës ny cóprinſes par les plus
doctes. Sanſon auec vne maſchoire d'aſne foudroya toute l'armee des Philiſtins,
& ſa pierre eut telle efficace enuers Dieu,
que d'vne dent molliere de ceſte ma-
choire, il en ſaillit de l'eau viue pour e-
ſtancher ſa ſoif, & dauátage pour monſtrer que la patience de l'aſne eſt infinie
& ſon trauail perpetuel, baſtonnades
le ſuiuent encor apres ſamort, car au lieu
des coups qui luy eſtoiët donnez durant
ſa vie par pauſe & par meſure. Sa peau de
laquelle on faict les tembours, eſt bour-
ree de chamades renforcee d'alarmes, &
autres bateries redoublees, qui ont telle
force & vertu qu'elles portent les cœurs
les plus effeminez aux plus hautes & pe-
rilleuſes entreprinſes. Et qui plus eſt des
os de l'aſne, la moüelle oſtee on en faict
de tres bonnes fluſtes, leſquelles bien
embouchees & entónees d'vn bon vent
rendent vne melodie fort plaiſante & aggreable. Parce que dit eſt, vous pouuez

donc comprendre plus qu'en plaine clar
té du Soleil, que l'Aſne eſt la marque, deuiſe & enſeigne de pureté , concorde &
fraternité (Meſſieurs) que c'eſt par con-
ſequẽt auec vn fort maigre ſuiect qu'vn
tas d'ignorãs en veulent faire le iouet de
leurs paſſions , puis qu'il appert par les
raiſons prealeguez que ce n'eſt point vne
iniure d'eſtre appellé Aſne, au contraire
vne vraye marque de douceur, conſeil-
lans à ceux qui doreſnauant en ſeront
embeguinez par forme d'iniure , de reſ-
pondre en trois mots à l'agreſſeur que les
offences ſont ſupportables entre freres.
Bref ie puis dire auec verité que l'humili
té & patience douceur de l'Aſne, le col-
loque en vn degré qui n'eſt pas petit, &
qui luy donne à tout le moins beaucoup
d'auantage par deſſus tous les autres ani
maux, & pour finir, ie diray auec Panur-
ge en ſon patois latinizé *que magis magnos
clericos non ſunt magis magnos ſapientes.* Qui
vaut autant à dire en meilleur François
qu'il ne l'a dict en Latin , que les plus
grands Clercs ne ſont pas les plus ſça-
uans , ou pour mieux dire que les plus

fçauans ne font pas les plus fins.

---

*Chanfon nouuelle, fur le chant, i'auois enuie
de traiter l'amour auec Ifabelle.*

MA mere l'vn de ces iours,
Trauailloit deffoubs mon pere,
Elle luy difoit touſiours,
Ta nature point n'opere,
    Rien ne fert le branflement
    Si on a le contentement.
  Mere Ieanne vn iour d'efté,
Baifoit vne chambriere,
Qui pour l'auoir trop hanté,
Luy defmembra la croupiere,
    Rien ne fert le branflement, &c.
  Moy ie vien tout de nouueau
Parler de mere Guignarde
Trop plus fubiette au morceau
Qu'a la naturelle garde.
    Rien ne fert le branflement, &c.
  Et moy qui fuis maiftre és arts
Chacun me nomme Iean Gille
Que faits branfler toutes parts
Le corps d'vne ieune fille,

K ii

> Rien ne ſert le branſlement, &c.
> Ma mere femme de bien,
> Qu'on nomme la violette,
> Nous nourry d'eſtrons de chien,
> Pour viande plus parfaicte,
>   Rien ne ſert le branſlement.
> Si on a contentement.

Concluſion.

> Puis que le branſle du commun,
> Que l'homme la femme à coſte,
> Nous croyons que c'eſt tout vn,
> Que chacun branſle ſa volte,
>   Rien ne ſert le branſlement
> Si on a contentement.

Prologue XIIII.

Tout ainſi que les quatre ſaiſons ne ſe rencôtrét pas en vn meſme temps : Auſſi n'a on iamais veu des pourceaux voler en l'air, à cauſe que trois ieulres de la beauſle ont quitté leur giſte

ordinaire , pour .courir toute l'Afie mi-
neur iufqu'au Pole Antaitique, môtez fut
des hannetôs habillez de vinaigre , cha-
marees de verjus de grain. Et d'autât que
les chapeaux de caftot ont tenu vne afsé-
blee auec les bottes de marroquin retour
né durât le têps que les neiges au mois de
Iuillet couuroient l'orifon des Pigmees.
Il m'a femblé bon de vous faire part de
quelques receptes que i'ay rapportees du
pays de Tirelirois, trois lieues par delà le
monde, lefdictes receptes affiftez fuiuies
& accompagnees de plufieurs remedes
fort fouuerains, tirez de l'vn des plis de
l'efcarcelle du Caliphe de Balda que l'on
tient n'auoir rien plus delicieux en fa re-
fection qu'vne eftuuee de marbre & de
Prophire, afin d'eftre puis apres plus dif-
pos fain & allaigre pour courir la bague
fur vn haren foret auec des pantoufles de
nattes & vne lance de camelot bleu tur-
quin de genefue. Mais retournons à nos
receptes, *primo* i'ay apporté de la graine
de patience pour guarir du cocuage.
Plus de l'huile de reputatiôpour côferuer
l'honneur des femmes entre deux plats.

Item vne drachme de ius de gigot morti-
fié dans les vertebres pour guerir de la
iauniſle. Item de l'eſſence des perles &
diamans auec vn peu d'huyle d'or pour
apprendre en peu de temps aux femmes
à iouër au flus virat & aux reuerſis, & ſi
beſoin eſt les faire tomber à l'enuers, de
l'huille de caillette & deux oliues du païs
de Cunos deſtrempez dãs le mortier vir-
ginal, auec le pilon de nature pour re-
ſtaurer vne nouuelle mariee la premiere
nuict de ſes nopces. De l'eſſence tiree de
l'eſcarcelle d'vn chaſtré, pour engendrer
en taille douce & multiplier le móde par
imagination. Dela graiſſe de potéce pour
guarir de mal de gorge, agrandir les hó-
mes en vn inſtant & les apprendre à fri-
ſer la cabriolle entre deux airs. De la racine de bonne façon pour ceux qui ont
auſſi peu de mine que d'effect. Item de la
ſalade de Gaſcongne mãgee au haut d'vn
grenier pour ſoulager ceux qui ont perdu leur argent. Plus l'armonie d'vn carril-
lon de village accordee à la melodie de
l'éclume d'vn mareſchal pour faire d'or-
mir les malades, & ſi d'auanture ils ont

douleur deſtomach, leur appliquer tout
chaudemét ſur iceluy vne meule de moulin, ce ſera leplus ſouuerain remede que
vous puiſſiez pratiquer pour les guerir à
l'inſtant de tous leurs maux. De l'eſſéce
de violon auec le ſuc de trois gaillardes
aſſaiſonnees d'entrechats, pour guarir de
la paraliſie. De l'eau de Rethorique pour
degraiſſer la langue. La copie collation-
nee à l'original d'vn ſoldat d'Oſtende au
coing d'vn buiſſon pour faire rire vn aua
ricieux. De la poudre de linge battu au
bord d'vne riuiere, auec vn peu d'huilede
moulin, pour arreſter le caquet des femmes. Pour Meſſieurs les courtiſans, i'ay
amené vn aſne d'Arcadie tout chargé
d'huyle de cameleon, que i'ay deſtrem-
pé dans vn panier percé, auec vn peu
d'eſſence de diſſimulatió pour les eſtre-
ner le premier iour de l'an. Et pour guarir les poules de la chaude-piſſe, & les
grenoüilles des gouttes : il faut prendre
vne once ou enuiron de racine de Sphe-
re, de la graine d'Aſtrologue, auec
deux ou trois fueilles de Sympathie :
& le tout diſſouldre enſemble auec

vn eſpadõ, dãs le bõnet de nuit de Pierre
du Puy, il n'y a rien de plus ſouuerain. Et
ſi vous deſirez ſçauoir au vray les lieux
qui recellẽt la faculté de ces ingrediens,
allez vous en tout de volee ſur les mõta-
gnes plattes de la Beauſſe, vis à vis des
champs Eliſees, vous les trouuerrez par
bottes cõme fines alumettes. I'oubliois
à vous dire qu'il faut prendre vne once
ou deux de la racine de la Zone torride,
auec de la poudre du mouuement de tre-
pidation pour diſſoudre vos drogues. Et
bien qu'en dictes vous gentils eſprits, ne
dois ie pas eſtre immottalizé aux Royau
mes des taupes? ayãt tant ſué pour la Republique ſoubs le harnois de la curioſité
ainſi qu'il eſt fidellement raporté par A-
riſtote, en ſon antiquité des ieux de Pe-
tangueulle? Dauantage ie ſçay faire vne
infinité d'autres choſes, comme de faire
rire les mouches, dancer les cheures, &
diſcourir les aſnes parlant par reuerence
& qui en voudra voir l'eſpreuue, il n'a
qu'à me venir trouuer en mon logis, lequel eſt à la rüe du monde, à l'enſeigne
de par tout, là ſe verront choſes qui ne
peuuent

peuuent estre veuës par les aueugles.

---

*Chanson nouuelle, Sur le chant, à la
force, à la force.*

QVand ie vais à la chasse auec vn bon
leurier,
Ie poursuis le cheureil des pas de mon
limier:
  Mais qui veut le connil chasser
  A la motte faut s'adresser.
A la chasse souuent monté sur mon
bidet,
I'ay souuent deschargé mon flambant
pistolet:
  Mais qui veut le connil, &c.
Qui veut trouuer le Cerf & luy don-
ner l'assaut,
Faut sa chambre chercher fourny d'vn
bon briffaut:
  Mais qui veut le connil, &c.
Cil qui veut demeurer bon chasseur
à iamais,
Il doit tousiours auoir des meutes de
relais:

L

Mais qui veut le connil, &c.
Mon furet escumant d'vn violent
courroux,
Estrangle le lapin & s'endort dans les
troux,
Mais qui veut le connil, &c.

Conclusion.

A la chasse à la chasse armez vous
compagnons,
A chacun son limier auec deux bons le-
urons,
Car qui veut le connil chasser
A la motte doit s'adresser.

Prologue XV.

TOut ainsi que les hômes ne sont pas
tous d'vn mesme mestier, aussi les
oyseaux ne sont-ils pas d'vn mesme naturel : car sans representer des compa-
raisons trop sauuages & incognuës à
tout le monde, i'entends de celuy qui
est icy. Ne voyez vous pas qu'en plat

pays, si l'vn prend des grenouilles, vn
autre faict des sabots, si l'vn faict des
chappeaux, l'autre faict des cordons : si
l'vn couche au grand lict, l'autre couche
au petit, si l'vn seme des poids, l'autre les
mange, si l'vn va à pied, l'autre va à cheual, si l'vn est sur vn mulet, l'autre est
sur vn asne, si l'vn void de trauers, l'autre regarde de costé, si l'vn a les oreilles
recoquillees, l'autre les a retroussees, si
l'vn a les dents grandes, l'autre les a trop
courtes, si l'vn est bien chaussé, l'autre
est pied nud, si l'vn est de Vaugirard, l'autre est de Gentilly, outre vne Kyrielle
d'autre diuersité. Tout de mesme des
oyseaux : C'est l'humeur des corneilles
d'abatre des noix, & de parler gros, le
naturel des pies, d'auoir la queuë longue, & aux perroquets d'estre habillez
de verd: C'est pour vous dire en cet en-
droit que ces petits oyseaux noirs apel-
lez irondelles, ont eu de tout temps bône raison en la conuocation qu'ils font à
la fin de l'esté de se retirer aux regions
chaudes, d'où ie croy qu'ils sont enfan-
tez car si à ceste raison les alloüettes de

Beausse & d'autres endroicts de cent
lieux à la ronde, eussent eu tant de iugement que de faire le mesme complot de
s'y aller promener tout le temps de l'hi-
uer, elles eussent esté beaucoup plus esti
mees en leur delicatesse, pour autant que
durant tout ce temps la on ne voit quasi
autre monnoye, dont il arriue sourde-
ment du mescontentement à plusieurs
seruiteurs qui au lieu de faire grande
chere, il arriue le plus souuent qu'apres
que les maistres, maistresses, & toute
l'academie du berceau de la maison, &
ceux qui sont inuitez ont soupé ou dis-
né, il ne reste ordinairement autre chose
que les testes & les oreilles de ces peti-
tes allouettes qui ne pesent pas bonne-
mét vne liure & demie chacune, sauf l'er-
reur de la ballance, lesquelles demeurét
enfillees à la douzaine comme le chape-
let de patenostre, ou comme marrons
que l'on met dans la braise à la mode de
Paris, estant contraincts faulte d'autre
reliqua de les plumer & faire griller ou
rostir, l'vn vaut l'autre, sur les charbons
sans sucre ny moutarde, sans conside-

rer au preallable, le legitime interest qu
pretendent les chats d'vn logis, de toute antiquité & de temps immemorial,
côme dit l'histoire, lesquels n'estans pas
borgnes n'y aueugles, si ce n'est par l'armonie de quelques coups de bastons
voyant qu'on les flatte ainsi sans leur
laisser rien de gras pour leur gresser la
moustache que la plume qui sent quelque peu l'allouette, conspirent, & entre-
prennent iournellemét en vertu du pouuoir à eux attribué par la coustume de
les prendre & gripper au crochet, sans
attendre qu'elles soient plumees, sans re
specter qu'elles soyent comptees: ce qui
enfle tousiours les parties des gaiges du
Cuisinier, ou de la chambriere sans autre recours, que contre ces preneurs de
rats & de souris, qui de leur patrimoine,
ny leurs ancestres, ayeul ni bisayeul, n'eu
ront oncques vaillant denier ny maille,
& qui n'ont coustumierement gueres de
meubles ny gardes au logis, viue le pour
point d'vn cocq d'inde. Messieurs, sans
toutesfois bouger les yeux du bonnet, il
vaut mieux qu'vn trochet d'vne douzai-

ne & demie de teftes de ces petits oyfe-
aux, qui ont autresfois à la verité caque-
té affez haut , mais de ces chants là , autant en emporte le vent. C'eft quafi à l'e-
xemple des pigeonneaux , s'il vous en
fouuient, vous voyez toufiours demeurer fur le rampart de l'affiette , le cap
comme difent les Gafcons qui faict là le
guet iufques au defert. Pourquoy ie cõ-
cluds à croque-dent, qu'il n'eft rien tel
que de fe foir à table des premiers pour
euiter le hazard de víure des teftes d'allouettes, & pour n'en rien celer, ie con-
feillerois volontiers à ces pauures ferui-
teurs de s'amaffer en grand bande vers
cefte faifon que mes Damoifelles les allouettes doyuent entrer en grade aux
cuifines de prendre chacun vn grand
chaudron ou vne poifle & fricaffer auec
tant de bruict la Peronnelle en cent parties, que cela lespuiffe tellemét effroyer
& àlourdir qu'elles foyent contraintes
de s'embarquer auec les irrõdelles: quoy
faifant ils verront biẽ rire: que s'ils ne le
font qu'ils s'attendent de ne fripper autre chofe durant cefte faifon. Attendant

Iaquelle ie m'offriray cepédāt pour tout
mon intereſt de ſaluer vos bōnes graces.

Autre chanſon, ſur le chant, dedans
ce lict ou ie vous voy.

MA mere a faict a ſon deſir,
Auec vn garçon de village,
A me faire elle a pris plaiſir,
Deuant qre d'eſtre en ſon meſnage,
  Mais les baſtards ſont ſouſtenus
  Et dans L'olimpe bien venus.
Ma ſœur a fait vn petit gars,
Deuant que ſon mary l'euſt priſe,
Mais le bon ſot ne le ſçait pas,
C'eſt vn cocu de bonne priſe,
  Mais les baſtards ſont, &c.
Ie ſuis baſtard ie le ſçay bien,
C'eſt pour moy vn grand aduantage,
Et ſi ma mere n'eſtoit rien
Qu'au trafic de maquerallage,
  Mais les baſtards, &c.
Ma tante deſſus ſes vieux ans
A voulu gouſter de la quille,
Et s'eſt faict enfler le deuant,

M iiii

D'vn petit fils & d'vne fille,
Mais les bastards, &c.
Taisez vous & ne parlez pas,
Tant à clair de vostre origine:
Car i'en voy bien d'autres là bas,
Qoi plus que vous ont de la mine,
Mais les bastards, &c.

Conclusion.

Puis que le monde (ainsi qu'on dit)
Pour le gain chaque iour se peinne,
Il faut trauailler à credit.
Autrement la trafique est vaine:
Puis que les bastards soustenus
Sont dans L'olimpe bien venus.

Prologue XVI.

'Est a ce coup que ie triompheray, de l'ignorance qui auoit embeguiné mes côperiteurs auec lesquels ie me suis alābiqué les intestins du cerueau, pour leur prouuer par viues raisons, tire.s de la Fauconniere, où estoiët

enfermez les secrets du bysayeul de nostre Pere Adam, qu'il n'y a rien au mõde
plus propre a la femelle que le masle, le
champ de bataille m'est donc demeuré,
& comme victorieux : ie viens icy des-
ployer ma rubrique, & vous dire qu'vn
Elephant lardé en triangle, ne ressemble
nullement à vne escopette d'Allemagne,
ainsi qu'il est rapporté en l'Iliade Po-
lonnoise, qui faict mention des gestes
memorables de feu de bonne memoire
Geoffroy à la grand dent, à qui Dieu
doint bonne vie & longue. C'est pourquoy ie serois d'auis qu'aux flegmatiques
& pulmoniques qui ont l'esprit cõstipé,
on donnast des clysteres auriculaires, *in-
telligo,* par les oreilles pour les purger de
certaine humeur bellieuse, qui empesche
que la conscience ne puisse loger, heber-
ger ny pourmener dans la plaisante gal-
lerie de l'intellect & s'y exercer, à fin
de digerer plus aisément les bons voca-
bles, & destremper & dissouldre auec
le suc de la doctrine les arguments so-
phistes d'vn tas de courtisans & tiers o-
posans esgarez du sentier & carractere

des bonnes lettres: La legereté defquels
me fait croire qu'ils fe paiſsent de méme
viande que le Cameleon : auec lequel ils
ont vne antienne ſympathie. Nous autres oracles des Vniuerſitez nous fai-
ſons plus d'eſtat d'vne once de don bien
liquifié & effectuéſque d'vn boiſseau de
bonne volonté mortifiee. C'eſt pourquoy diſoit vn Sage , *omnium rerum vi-
ciſsitudo eſt*:Ie ne parle pas du ſuieȼt qui
fit eſmouuoir guerre entre ces deux
grands Capitaines, Cæſar & Pompee:
par ce que le Filou n'en faiȼt point de
mention au traiȼté qu'il a fait de la guerre des hannetons contre les papillons.
C'eſt à propos de l'alexipharmacque,
lequel ſera ceſte annee fort propreàceux
qui peregrineront aux regions chaudes:
mais il eſt aiſé a croire veu l'humeur ro-
gue de ceux de Bauieres ſur les terres
deſquels ils doiuent paſser, qu'ils y laiſ-
ſeront des plumes , & qu'ils ne reuien-
dront iamais de ce pays la ſans eſtre frot
tez & eſtrillez à tour de bras depuis les
pieds iuſques à la teſte.Cela ſera pour e-
ſtre cauſe au retour de les faire proteſter

de ne plus marcher sous l'enseigne de
Venus, sinon entant que le cas le requer
ra, ie veux dire le cas. Toutesfois ils se-
ront consolez d'vn certain anatomiste in
tendant des affaires de Cupidon, grand
Operateur & general Reformateur des
brayettes estropiees a son seruice, lequel promet de les faire passer *visibilium
& inuisibilium* au trauers d'vne estamine,
& de la en terre ferme. Ie leur conseille-
rois volontiers de passer par la Hongrie
Climat vn peu plus temperé : Mais vous
sçauez qu'à tous sieurs tous honneurs,
fortasse que le Bauarrois se voyant frustré
de l'hommage qu'on luy doit en passant, leur pourroit faire dresser quelque embuscade dans vn pré fauché qui
les feroit tomber de fiebure en chaud
mal, & peut estre à la fin y laisseroient
les bottes. Ce que ie vous en dis n'est
pas pour en parler : Mais c'est pour vous
asseurer que la perdrix est plus delicate
que la vache, & qu'on va doresnauant
tenir la foire de sainct Germain dans la
gayne du cousteau de Gargantua, pour
euiter le desordre & la confusion qui s'y

eſt trouuee l'annee derniere pour le trop
d'eſpace: Ainſi qu'il eſt raporté au ſixiéme liure de l'Eneide, qui dit que ce n'eſt
pas vne petite queſtion de ſçauoir qui à
le tort des chats oû des ſouris, & quand
ils ſeront d'acord, pour ce que le grand
Turc n'en mande aucune choſe ſur les
nouuelles de la naiſſance de l'Antechriſt
qu'on dit deuoir accoucher de dixhuiȼt
Elephans incarnats & bleus, c'eſt pourquoy les oyſons chantent auſſi haut que
de couſtume, & ne ſe daigneroiēt chauf-
fer les pieds quand ils ſe veulent coucher, Ie ſuis vn ſot au reſpect de tous
les aſnes, ie voy bien à l'heure qu'il eſt
que ſi ie ne m'en vois l'on ne me viendra
pas querir, il faut donc reſſerrant ma
doctrine pour vne autrefois que ie laiſ-
ſe la dignité du ſubiect que i'auois enuie ſur la deffaicte d'vn pain de ſeigle à
quatre perſonnages, craignant que quelque ruſtre ne me vienne par brauades
ſouffler au cul, ce que ie ne pourroi ſſup-
porter ſans luy cracher *in oculos* quelque
mot de Latin qui ſeroit capable de le faire
courir depuis Chartres iuſques en Beauſ-

se, sans regarder derriere luy. Et peut
estre qu'à force de courir, il se pourroit
former quelques ampoulles sur le bout
de sa langue, qui le rendroiët defectueux
& incapable de vous entretenir aussi fa-
cecieusement qu'il a accoustumé.

Autre chanson nouuelle, sur le chant, i'ay
trouué sur l'herbe assise.

Mour m'a faict voir ma belle,
Ou i'ay pris tous mes esbats:
Mon cher adonc, disoit elle,
Supportez-vous sur vos bras,
  Hé vous me foullez, hé vous me
  foullez
  Hé vous me foullez le ventre!
 Vne ieune Damoiselle,
Vn compagnon embrassoit:
Et comme il estoit sus elle,
Souuent elle luy disoit,
  Hé vous me foullez, &c.
  Ceste belle Tauerniere,
On sçait bien ce qui luy faut:
En trauaillant du derriere,

Ne deuoit crier ſi haut,
  Hé vous me foullez, &c.
  I'eſtois bien plus a mon aiſe,
Si perſonne ne m'euſt veu,
Car i'amortiſſois ma braiſe,
Mais vn bruit eſt ſuruenu,
    Hé vous me foullez, &c.
  Sus vne fille de chambre,
Ie trauaillois tout veſtu
Qui crioit mon ventre eſt d'ambre
Il tirera ton feſtu,
    Hé vous me foullez, &c.
            Concluſion.
Vous ieunes hommes habilles,
Il vous faut approprier,
Auecques ces ieunes filles,
Les empeſchant de crier,
    Hé vous me foullez, &c.

    Prologue   XVII.

AVparauant que le Soleil ait pris
ſes pantoufles & qu'il ait tiré le
rideau de la vouſte eſtoillee, ie
vous veux entretenir ſuiuãt ma

couſtume , & vous dire que ſi les anciens ont fait tant d'honneur aux Comedies, que meſme Marc Antoine vn peu deuant la bataille d'Axia , ait conuoqué tous ceux qui ſe meſloyent de reciter ſur le Theatre pour ſe rendre en l'Iſle de Lesbos comme ſidelles conſeillers de ſa fortune: Ce n'eſt pas vne choſe nouuelle que le Preſte-Iean ſoit noir, les Anglois blãc, & les Eſpagnols bigarrez ſãs parler des grenouilles, qui le plus ſouuent ſont habillez de vert, pour ce que les truictes ſelon que dit Hypocrates en vn liure qui ne s'eſt iamais veu , ſemblent auoir aſsez bõne grace en dançãt ſur la corde au ſon du luth des quatre fils Aymon. Les Arabes qui ſont les Medecins les plus excel. lẽs ſe ſõt ſouuenus de ceſte proprieté de la chicoreequi eſt fort bõne aux aueugles pour ne voir goutte, ny en hyuer ny en eſté, à cauſe des cimbales organiſez auec vn ſiſlet diametral pour pendre au col de l'eſtoille pouſſiniere. Ie vous aprens que l'arc enciel qui s'eſt apparu à tout le mõde c'eſt nuict, lors qu'il eſtoit endormy, n'eſt pas encore preſt de mettre pied à

terre, ſi les heiſtres à l'eſcaille ne portent vn bas a attache pour dancer vne
gaillarde nouuelle, & commencer la fiſ-
faigne à l'imitation de l'Ariſtoſte. C'eſt
dequoy parlent Virgile, Barthole & Ra-
belais, pour vous inſtruire de ce que vo⁹
auez affaire, en attandant que les choux
cabus ſe viennent ouurir à la douce ro-
ſee de vos bonnes graces. Cependant
tenez vous touſiours ſur vos gardes & ne
vous eſchauffez point l'eſprit pour pen-
ſer deſſeicher les crottes de Paris, de
peur que vous n'ayez auſſi mauuaiſe gra
ce que l'eſcargot qui ioue de la corne-
muſe. Car ainſi l'ont enſeigné les plus ex-
cellens Philoſophes qui ont diſcouru,
ſçauoir ſi l'eſpine vinette eſtoit propre à
reſueiller l'apetit, la raiſon de cela fut
trouuee par Pitagoras en ſonnant les
cloches lequel en fait vn diſcours ample en vn ſien petit traicté non encore
imprimé, toutefois le Latin en eſt, *Titeré
tu patule* pourueu que cela ſoit faict en
temps & lieu ſoubs l'oraiſon d'vne perdrix accompagnee d'vne orenge, comme
eſpee de ſa dague, & vne garce de ſa

bouteille,

bouteille, *suit enim res maxime horribilis, de
qua scribit Plato, videlicet de nauetis cum vena
tione commendendis*, auec la question spiri-
tuelle, sçauoir si le bœuf sallé auec la
moustarde n'offence point l'estomach
d'vn amoureux, pource qu'elle offence
la veuë, & l'amour naist des yeux comme dit Properce ; *si nescis oculi sūt in amore
duces.* A propos des passions de l'ame, on
dit que les Turcs n'ayment pas le son
d'vne vieille, à cause que ledit Pithagoras ioüoit mieux d'vn sabot percé qu'vne
escreuice ne sçauroit faire d'vn manicor-
dium. Ie vous baise les mains de loing,
de peur de vous donner la peine d'oster
vos gans ny vos caneçons.

----

*Autre chanson nouuelle, sur le chant,
sont les filles de somme.*

IL n'est que la cuisine,
D'vne bonne maison, marmiton
La saulce la plus fine,
Est vn bon ayguillon, marmiton
    Viste marmiton embroche em-

broche
Toute chair est de saison.
Au matin les potages,
La tranche de iambon, marmiton,
Les laquais & les pages,
Sçauent ceste leçon marmiton,
    Viste marmiton embroche, &c.
La ieune Damoiselle
Demandoit du bouilon, marmiton,
Ie luy ay dit la belle,
Monstrez vostre teton, marmiton,
    Viste marmiton embroche, &c.
Ces moustaches frizees
Faictes en tortillons, marmiton
Sont souuent retroussez,
Du feu de nos tisons, marmiton,
    Viste marmiton embroche, &c.
Ceste nuict ma petite
Troussoit son cotillon, marmiton,
Dedans sa leche-fritte,
I'ay trempé mon lardon, marmiton
Viste marmiton embroche, &c.
Conclusion.
Il faut que chacun sache
Pour auoir du renom marmiton.
Que la cuisine marche,

Par ordre en ſa maiſon, marmiton,
Viſte marmiton embroche, &c.

Prologue XVIII.

E n'eſt pas le moindre peruertiſ-
ſement de ce ſiecle que de voir
la ieuneſſe meſcognoiſtre ſes
precepteurs, auſquels elle doibt autant
d'obeiſſance qu'a ſes peres, d'autāt que
l'eſprit eſt touſiours plus cher que le
corps, & qu'vne botte de vache de Ruſ-
ſie, ne ſied pas bien à ceux qui veulent
apprendre l'Eſpagnol, ſi les prunes de da-
mas ioinctes auec vn cabas de ſigues &
vne paire de ſouliers de la premiere aage
de marroquin de Flandres, ne ſe trouuét
au tempsqu'Ariſtote deſcendra des nues
dans vn caroſſe de papier doré, pour aller à l'aſcarboulette courre la bague ſur
le cheual dePollux. Toutesfois i'ay peur
que parmy les trouppes de licornes
que l'imperatrice de Triquedondaine
veut enuoyer en la Chine d'où elle
eſt partie, quelques papillons ne
prennent les bœufs à la pipee: *ſed ſapiens*

dominabitur aſtris. Il n'y a qu'vne choſe qui m'en pourra faire douter, c'eſt que le vol d'vn oyſeau de paradis a ceſte proprieté de rendre la mer humide & ſalee, le feu chaud, & le pain d'eſpice fort propre pour le cœur. C'eſt la creance des anciés Druides, qui ſe faiſoiét la barbe auec vne eſpee à deux mains, en attendant que les melons euſſent engendré vne douzaine de lanternes pour chanter la peronnelle ſur vn inſtrument de cuir bouilly. Mais puis que les corneilles ſont noires, que les rats courent auſſi fort que les ſouris, & meſmes que le Pelican qui tourne à la broche vn faucon violet, n'a pas le ramage d'vn mulet d'Auuergne: Ie vous aſſeure qu'il ſera ceſte annee force perles & rubis, dont l'amour fera part à ſes domeſtiques ſeruiteurs, ſelon les vns & couſtumes de Naples, *omnes enim liberari naſcimur liberi*, c'eſt à dire enfans, voyla pourquoy comme des bons enfans deuons tous iouer les vns auec les autres, en tout bien & en tout honneur, toutes fois ſuyuant l'oracle de la Sibille tourné en François, par Auicenne en ces mots:

Et le filou tourloureue, *& c.* Ie ne me laſſe-
rois iamais de vous entretenir ſur cesdiſ
cours ſerieux, ſçachant que l'œil n'eſt ia
mais las de voir, l'oreille d'ouyr, n'y la
femme du maſle, n'eſtoit que ie ſuis
preſſé de mon deſ-honneur, & qu'il faut
que ie me retire pour ceder à vn avtre,
comme le iour faict à la nuict, le Same-
dy au Dimanche, & le beau temps à la
playe.

Chanſon nouuelle ſur vn chant
nouueau.

IE aymé vne ienne fille,
  D'vn grand moyen,
S'en paire cy me l'a donnee,
O n'en veut rien.

  Quand ie parti de m'en village,
Pour l'aller vais ;
I'eſtais veſtu de pied en cappe,
Comme vn Englais.

  I'auais vn biau cappiau de paille,
Long & poinctu,
Y n'y auet homme en m'en village,
Qui en ait ſeu.

I'auais vn biau collet de telle,
Gros & carray,
Auec vne bonne fichelle,
Pour l'attaquay.

I'auais vn biau parpoint de telle,
Vn biau blanchet,
Attaquay deuant ma fourchelle.
D'vn fin lachet.

I'auais vne belle quemiſe,
Au poinct percier,
Vn moucheux à quatre corniere,
Bien appliquiey.

I'auais vne belle chainture,
D'vn quieur bouilly,
Les couteaux & auſſi la gayne,
Le cauche-pied.

I'auais le pubiau haud de cauche,
D'vn fin burel,
Y ny auait point à m'en vilage,
Peu biau hardel.

I'auais vne belle gargache,
D'vn fin coutil,
Paſſementez auaud les iambes,
D'vn biau ner fil.

I'auais de biaux gartiers de laine,
Rouges & verts,

Qui me balleſt auaud les gambes,
Iuſques aux mollets.

    I'auais de biaux ſollez de vacque,
Bien eſuenant,
Attaquez de bonne courois,
D'vn biau queur blanc.

    I'eſtais vn demy Gentil homme,
Ce diſeſt-n'en,
On euſt dit à vair a ma trongne,
D'vn preſident.

    Sieuge pas biau, ſieuge pas riche,
En grand honour,
Sieuge pas pour auer la fille,
D'vn grand Signour.

    Vos eſtes biau, vos eſtes riche
No le ſay bien,
Vos eſtes ſot & mal-abille,
No le vait bien.

Autre chanſon, ſur vn air nouueau.

SI voſtre eſtuy ma maiſtreſſe
N'eſt de ces pieces garny,
I'en ſuis aſſez bien muny
Pour vous ſeruir d'allegreſſe,

          A vn ponçon bien poly,
          Il faut vn estuy ioly.
I'ay vne poincte galante
Fort propre pour vostre estuy,
Et si i'ay ce qui s'ensuit
Pour vous rendre bien contente,
          A vn poinçon bien poly, &c.
Si ceste piece iolye
Dedans vostre estuy estoit,
Pourueu qu'elle y fust bien droict
Vous la trouueriez iolie,
          A vn poinçon bien poly &c.
C'est vn poinçon le plus royde
Que nature ait iamais faict
C'est vn œuure si parfaict
Que i'en priue toute laide,
          A vn poinçon bien poly, &c.
          Ce present donc ma mignonne,
Doit estre prisé de vous
Car il n'est commun à tous
A vous belle ie le donne,
          A vn poinçon bien poly
          Il faut vn estuy ioly.

          FIN.
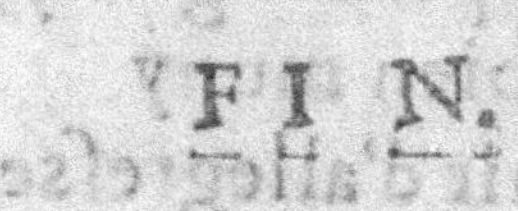